U0694988

李叔同智慧集

Selected Works of Li Shutong

李叔同 著
大雅堂 编

时代出版传媒股份有限公司
安徽文艺出版社

图书在版编目（CIP）数据

李叔同智慧集/李叔同著；大雅堂编. —合肥：安徽文艺出版社，2012.4

（理想图文藏书·大师新编）

ISBN 978-7-5396-4070-9

Ⅰ．①李… Ⅱ．①李… ②大… Ⅲ．①李叔同（1880～1942）—文集 Ⅳ．①C52

中国版本图书馆CIP数据核字（2012）第043770号

出 版 人：朱寒冬　　　　丛书统筹：岑　杰
特约编辑：苗水芝　　　　责任编辑：岑　杰
图片解说：大雅堂　　　　装帧设计：视觉共振工作室

出版发行：时代出版传媒股份有限公司　　www.press-mart.com
　　　　　安徽文艺出版社　　www.awpub.com
地　　址：合肥市翡翠路1118号　　邮政编码：230071
营 销 部：(0551)3533889
印　　制：天津海德伟业印务有限公司　电话：022-29937888

开本：889×1194　1/32　印张：8.875　字数：190千字
版次：2012年5月第1版　2021年5月第2次印刷
定价：35.00元

（如发现印装质量问题，影响阅读，请与出版社联系调换）

版权所有，侵权必究

长亭外，古道边，芳草碧连天。

晚风拂柳笛声残，夕阳山外山。

代序　索性做了和尚

今年旧历九月二十日，是弘一法师满六十岁诞辰，佛学书局因为我是他的老友，嘱写些文字以为纪念，我就把他出家的经过加以追叙。他是三十九岁那年夏间披剃的，到现在已整整过了二十一年的僧侣生活。我这里所述的，也都是二十年前的旧事。

说起来也许会教大家不相信，弘一法师的出家，可以说和我有关，没有我，也许不至于出家。关于这层，弘一法师自己也承认。有一次，记得是他出家二三年后的事，他要到新城掩关去了，杭州知友们在银洞巷虎跑寺下院替他饯行，有白衣，有僧人。斋后，他在座间指了我向大家道："我的出家，大半由于这位夏居士的助缘。此恩永不能忘！"

我听了不禁面红耳赤，惭悚无以自容。因为：一、我当时自己尚无信仰，以为出家是不幸的事情，至少是受苦的事情。弘一法师出家以后即修种种苦行，我见了常不忍。二、他因我之助缘而出家修行去了，我却竖不起肩膀，仍浮沉在醉生梦死的凡俗之中。所以深深地感到对于他的责任，很是难过。

我和弘一法师相识，是在杭州浙江两级师范学校任教的时候。这个学校有一个特别的地方，不轻易更换教职员。我前后担任了十三年，他担任了七年。在这七年中我们晨夕一堂，相处得很好。他比我长六岁，当时我们已是三十左右的人了，少年名士气息，忏除将尽，想在教育上做些实际功夫。我担任舍监职务，兼教修身课，时时感觉对于学生感化力不足。他教的是图画、音乐二科，这两种科目，在他未来以前，是学生所忽视的。自他任教以后，就忽然被重视起来，几乎把全校学生的注意力都牵引过去了。课余但闻琴声、歌声，假日常见学生出外写生，这原因一半当然是他对于这二科实力充足，一半也由于他的感化力大。只要提起他的名字，全校师生以及工役没有人不起敬的。他的力量，全由诚敬中发出，我只好佩服他，不能学他。举一个实例来说：有一次寄宿舍里学生失少了财物了，大家猜测是某一个学生偷的，检查起来，却没有得到证据。我身为舍监，深觉惭愧苦闷，向他求教。他所指教我的方法，说也怕人，教我自杀！说：

"你肯自杀吗？你若出一张布告，说做贼者速来自首，如三日内无自首者，足见舍监诚信未孚，誓一死以殉教育。果能这样，一定可以感动人，一定会有人来自首——这话须说得诚实，三日后如没有人自首，真非自杀不可，否则便无效力。"

这话在一般人看来是过分之辞，他说来的时候，却是真心的流露，并无虚伪之意。我自愧不能照行，向他笑谢，他当然也不责备我。我们那时颇有些道学气，俨然以教育者自任，一方面又痛感到自己力量不够。可是所想努力的，还是儒家式的修养，至于宗教方面简直毫不关心的。

有一次，我从一本日本的杂志上见到一篇关于断食的文章，说断食是身心"更新"的修养方法，自古宗教上的伟人，如释迦，如耶稣，都曾断过食。断食，能使人除旧换新，改去恶德，生出伟大的精神力量。并且还列举实行的方法及应注意的事项，又介绍了一本专讲断食的参考书。我对于这篇文章很有兴味，便和他谈及，他就好奇地向我要了杂志去看。以后我们也常谈到这事，彼此都有"有机会时最好断食来试试"的话，可是并没有作过具体的决定。至少在我自己是说过就算了。约莫经过了一年，他竟独自去实行断食了，这是他出家前一年阳历年假的事。他有家眷在上海，平日每月回上海二次，年假暑假当然都回上海的。阳历年假只十天，放假以后我也就回家去了，总以为他仍照例回到上海了的。

假满返校，不见到他，过了两个星期他才回来。据说假期中没有回上海，在虎跑寺断食。我问他："为什么不告诉我？"他笑说："你是能说不能行的，并且这事预先教别人知道也不好，旁人大惊小怪起来，容易发生波折。"他的断食共三星期。第一星期逐渐减食至尽，第二星期除水以外完全不食，第三星期起，由粥汤逐渐增加至常量。据说经过很顺利，不但并无苦痛，而且身心反觉轻快，有飘飘欲仙之象。他平日是每日早晨写字的，在断食期间，仍以写字为常课。三星期所写的字，有魏碑，有篆文，有隶书，笔力比平日并不减弱。他说断食时，心比平时灵敏，颇有文思，恐出毛病，终于不敢作文。他断食以后，食量大增，且能吃整块的肉（平日虽不茹素，不多食肥腻肉类），自己觉得脱胎换骨过了，用老子"能婴儿乎"之意，改名李婴。依然教课，依然替人写字，并没有什么和前不同的情形。据我知道，这时他还只看些宋元人的理学书和道家的书类，佛学尚未谈到。

转瞬阴历年假到了，大家又离校。哪知他不回上海，又到虎跑寺去了。因为他在那里经过三星期，喜其地方清静，所以又到那里去过年。他的皈依三宝，可以说由这时候开始的。据说，他自虎跑寺断食回来，曾去访过马一浮先生，说虎跑寺如何清静，僧人招待如何殷勤。阴历新年，马先生有一个朋友彭先生，求马先生介绍一个幽静的寓处，马先生忆起弘一法师前几天曾提起虎跑寺，就把这位彭先生陪送到虎跑寺去住。恰好弘一法师正在那里，经马先生之介绍，就认识了这位彭先生。同住了不多几天，到正月初八日，彭先生忽然发心出家了，由虎跑寺当家为他剃度。弘一法师目击当时的一切，大大感动。可是还不就想出家，仅皈依三宝，拜老和尚了悟法师为皈依师。演音的名，弘一的号，就是那时取定的。假期满后，仍回到学校里来。

从此以后，他茹素了，有念珠了，看佛经了，室中供佛像了。宋元理学书偶然仍看，道家书似已疏远。他对我说明一切经过及未来志愿，说出家有种种难处，以后打算暂以居士资格修行，在虎跑寺寄住，暑假后不再担任教师职务。我当时非常难堪，平素所敬爱的这样的好友，将弃我遁入空门去了，不胜寂寞之感。在这七年之中，他想离开杭州一师，有三四次之多。有时是因对于学校当局有不快，有时是因为别处来请他。他几次要走，都是经我苦劝而作罢的。甚至于有一时期，南京高师苦苦求他任课，他已接受聘书了，因为我恳留他，他不忍拂我之意，于是杭州、南京两处跑，一个月中要坐夜车奔波好几次。

他的爱我，可谓已超出寻常友谊之外，眼看这样的好友，因信仰的变化，要离我而去，而信仰上的事，不比寻常名利关系，可以迁就。料想这次恐已无法留得他住，深悔从前不该留他。他若早离开杭州，也许不会遇到这样复杂的因缘的。暑假渐近，我的苦闷也愈加甚，他虽常用佛法好言安慰我，我总熬不住苦闷。有一次，我对他说过这样的一番狂言：

"这样做居士究竟不彻底。索性做了和尚，倒爽快！"

我这话原是愤激之谈，因为心里难过得熬不住了，不觉脱口而出。说出以后，自己也就后悔。他却仍是笑颜对我，毫不介意。

暑假到了。他把一切书籍、字画、衣服等等分赠朋友及学生、校工们，我所得的是他历年所写的字，他所有的折扇及金表等。自己带到虎跑寺去的，只是些布衣及几件日常用品。我送他出校门，他不许再送了，约期后会，黯然而别。暑假后，我就想去看他，忽然我父亲病了，到半个月以后才到虎跑寺去。相见时我吃了一惊，他已剃去短须，头皮光光，着起海青，赫然是个和尚了！笑说：

"昨日受剃度的。日子很好，恰巧是大势至菩萨生日。"

"不是说暂时做居士，在这里住住修行，不出家的吗？"我问。

"这也是你的意思，你说：'索性做了和尚……'"

我无话可说，心中真是感慨万分。他问过我父亲的病况，留我小坐，说要写一幅字，叫我带回去作他出家的纪念。回进房去写字，半小时后才出来，写的是《楞严大势至念佛圆通章》，且加跋语，详记当时因缘，末有"愿他年同生安养共圆种智"的话。临别时我和他作约，尽力护法，吃素一年。他含笑点头，念一句"阿弥陀佛"。

自从他出家以后，我已不敢再毁谤佛法，可是对于佛法见闻不多，对于他的出家，最初总由俗人的见地，感到一种责任。以为如果我不苦留他在杭州，如果我不提出断食的话头，也许不会有虎跑寺马先生、彭先生等因缘，他不会出家。如果最后我不因惜别而发狂言，他即使要出家，也许不会那么快速。我一向为这责任之感所苦，尤其在见到他作苦修行，或听到他有疾病的时候。

近几年以来，我因他的督励，也常亲近佛典，略识因缘之不可思议，知道像他那样的人，是于过去无量数劫种了善根的。他的出家，他的弘法度生，都是夙愿使然，而且都是稀有的福德，正应代他欢喜，代众生欢喜，觉得以前的对他不安，对他负责任，不但是自寻烦恼，而且是一种僭妄了。

夏丏尊

目录

李叔同

李叔同智慧集

（中国）李叔同　著

《弘一法师在杭州玉泉寺》│ 摄于一九二〇年

脱
胎換骨篇

我在西湖出家的经过

杭州这个地方实堪称为佛地，因为寺庙之多约有两千余所，可想见杭州佛法之盛了！

最近《越风》社要出关于《西湖》的增刊，由黄居士来函，要我做一篇《西湖与佛教之因缘》。我觉得这个题目的范围太广泛了，而且又无参考书在手，于短期间内是不能做成的；所以，现在就将我从前在西湖居住时，把那些值得追味的几件事情来说一说，也算是纪念我出家的经过。

我第一次到杭州是光绪二十八年（一九〇二年）七月（按：本篇所记的年月皆依旧历）。在杭州住了约一个月光景，但是并没有到寺院里去过。只记得有一次到涌金门外去吃过一回茶，同时也就把西湖的风景稍微看了一下。

第二次到杭州是民国元年的七月。这回到杭州倒住得很久，一直住了近十年，可以说是很久的了。我的住处在钱塘门内，离西湖很近，只两里路光景。在钱塘门外，靠西湖边有一所小茶馆名景春园。我常常一个人出门，独自到景春园的楼上去吃茶。

民国初年，西湖的情形完全与现在两样——那时候还有城墙及很多柳树，都是很好看的。除了春秋两季的香会之外，西湖边的人总是很少；而钱塘门外更是冷静了。

在景春园楼下，有许多茶客，那些摇船抬轿的劳动者居多；而在楼上吃茶的就只有我一个人了。所以，我常常一个人在上面吃茶，同时还凭栏看着西湖的风景。

在茶馆的附近，就是那有名的大寺院——昭庆寺了。我吃茶之后，也常常顺便到那里去看一看。

民国二年夏天，我曾在西湖的广化寺里住了好几天。但是住的地方却不在出家人的范围之内，是在该寺的旁边，有一所叫做痘神祠的楼上。

痘神祠是广化寺专门为着要给那些在家的客人住的。我住在里面的时候，有时也曾到出家人所住的地方去看看，心里却感觉很有意思呢！

记得那时我亦常常坐船到湖心亭去吃茶。

曾有一次，学校里有一位名人来演讲，我和夏丏尊居士却出门躲避，到湖心亭上去吃茶呢！当时夏丏尊对我说："像我们这种人，出家做和尚倒是很好的。"我听到这句话，就觉得很有意思。这可以说是我后来出家的一个远因了。

到了民国五年的夏天，我因为看到日本杂志中有说及关于断食可以治疗各种疾病，当时我就起了一种好奇心，想来断食一本联书于杭州师范学院，体现的是李叔同书法的早期风格。

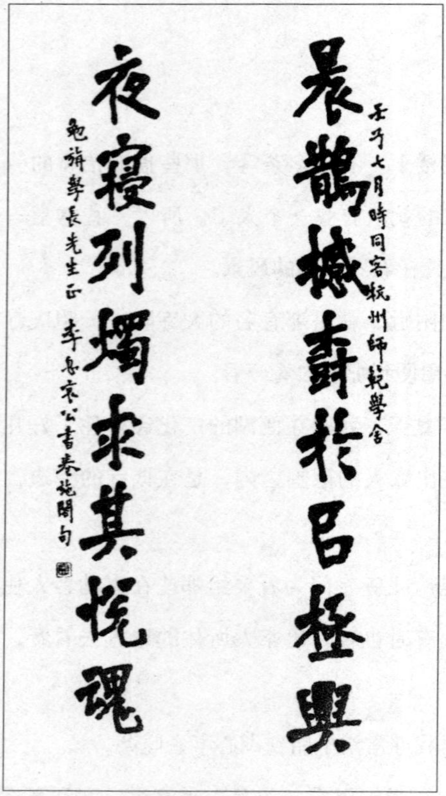

晨鹊巢寿花吕极娱

夜寝列燭求其怳魂

壬子七月時同客杭州師範學舍

勉诗擊長先生正 李息公書春聮開句

《晨鹊夜寝八言联》｜李叔同｜一九一二年

下。因为我那时患有神经衰弱症，若实行断食后，或者可以痊愈亦未可知。要行断食时，须于寒冷的季候方宜。所以，我便预定十一月来做断食的时间。

至于断食的地点须先考虑一下，似觉总要有个很幽静的地方才好。当时我就和西泠印社的叶品三君来商量，结果他说在西湖附近的虎跑寺可作为断食的地点。我就问他："既要到虎跑寺去，总要有人来介绍才对。究竟要请谁呢？"他说："有一位丁辅之是虎跑寺的大护法，可以请他去说一说。"于是他便写信请丁辅之代为介绍了。

因为从前的虎跑寺不像现在这样热闹，而是游客很少，且十分冷静的地方啊。若用来作为我断食的地点，可以说是最相宜的了。

到了十一月，我还不曾亲自到过。于是我便托人到虎跑寺那边去走一趟，看看在哪一间房里住好。回来后，他说在方丈楼下的地方倒很幽静的。因为那边的房子很多，且平常时候都是关着，客人是不能走进去的；而在方丈楼上，则只有一位出家人住着，此外并没有什么人居住。

等到十一月底，我到了虎跑寺，就住在方丈楼下的那间屋子里。我住进去以后，常看见一位出家人在我的窗前经过（即是住在楼上的那一位）。我看到他却十分地欢喜呢！因此，就时常和他谈话；同时，他也拿佛经来给我看。

我以前从五岁时，即时常和出家人见面，时常看见出家人到我的家里念经及拜忏。于十二三岁时，也曾学了放焰口。可是并没有和有道德的出家人住在一起，同时，也不知道寺院中的内容是怎样的，以及出家人的生活又是如何。

弘一法师在俗时留影

　　这回到虎跑寺去住，看到他们那种生活，却很欢喜而且羡慕起来了。

　　我虽然只住了半个多月，但心里却十分地愉快，而且对于他们所吃的菜蔬，更是欢喜吃。及回到学校以后，我就请用人依照他们那样的菜煮来吃。

　　这一次我到虎跑寺去断食，可以说是我出家的近因了。到了民国六年的下半年，我就发心吃素了。

　　在冬天的时候，即请了许多的经，如《普贤行愿品》、《楞严经》及《大乘起信论》等很多的佛经。自己的房里，也供起佛像来，如地藏菩萨、观世音菩萨等的像。于是亦天天烧香了。

　　到了这一年放年假的时候，我并没有回家去，而到虎跑寺里面去过年。我仍住在方丈楼下。那个时候，则更感觉得有兴味了，于是就发心出家。同时就想拜那位住在方丈楼上的出家人做师父。

　　他的名字是弘详师。可是他不肯我去拜他，而介绍我拜他的师父。他的师父是在松木场护国寺里居住。于是他就请他的师父回到虎跑寺来，而我也就于民国七年正月十五日受三皈依了。

　　我打算于此年的暑假入山。预先在寺里住了一年后再实行出家的。当这个时候，我就做了一件海青，及学习两堂功课。

　　二月初五日那天，是我母亲的忌日，于是我就先于两天前到虎跑寺去，诵了三天的《地藏经》，为我的母亲回向。

　　到了五月底，我就提前先考试。考试之后，即到虎跑寺入山了。到了寺中一日以后，即穿出家人的衣裳，而预备转年再剃度。

　　及至七月初，夏丏尊居士来。他看到我穿出家人的衣裳但

《地藏菩萨》｜清代｜丁观鹏｜《法界源流图》局部

还未出家，他就对我说："既住在寺里面，并且穿了出家人的衣裳，而不出家，那是没有什么意思的。所以还是赶紧剃度好！"

我本来是想转年再出家的，但是承他的劝，于是就赶紧出家了。七月十三日那一天，相传是大势至菩萨的圣诞，所以就在那天落发。

落发以后仍须受戒的，于是由林同庄君介绍，到灵隐寺去受戒了。

灵隐寺是杭州规模最大的寺院，我一向是很欢喜的。我出家以后，曾到各处的大寺院看过，但是总没有像灵隐寺那么好！

八月底，我就到灵隐寺去，寺中的方丈和尚很客气，叫我住在客堂后面芸香阁的楼上。当时是由慧明法师做大师父的。有一天，我在客堂里遇到这位法师了。他看到我时就说："既系来受戒的，为什么不进戒堂呢？虽然你在家的时候是读书人，但是读书人就能这样的随便吗？就是在家时是一个皇帝，我也是一样看待的！"那时方丈和尚仍是要我住在客堂楼上，而于戒堂里有了紧要的佛事时，方去参加一两回的。

那时候，我虽然不能和慧明法师时常见面，但是看到他那样的忠厚笃实，却是令我佩服不已的！

受戒以后，我就住在虎跑寺内。到了十二月，即搬到玉泉寺去住。此后即常常到别处去，没有久住在西湖了。

断食日志

丙辰嘉平一日始。断食后,易名欣,字俶同,黄昏老人,李息。

十一月廿二日,决定断食。祷诸大神之前,神诏断食,故决定之。

择录村井氏说:妻之经验。最初四日,预备半断食。六月五、六日,粥,梅干。七、八日,重汤,梅干。九日始本断食,安静。饮用水一日五合,一回一合,分五、六回服用。第二日,饥饿胸烧,舌生白苔。第三、四日,肩腕痛。第四日,腹部全部凝固,体倦就床,晨轻晚重。第五日,同,稍轻减,坐起一度散步。第六日,轻减,气氛爽快,白苔消失,胸烧愈。第七日,晨平稳,断食期至此止。

后一日,摄重汤,轻二碗三回,梅干无味。后二日,同。后三日,粥,梅干,胡瓜,实入吸物。后四日,粥,吸物,少量刺身[1]。后五日,粥,野菜,轻鱼。后六日,普通食,起床,此两三日,手足浮肿。

断食期间,或体痛不能眠,或下痢,或嚏。便时以不下床

---

1 重汤:稀粥、米汤。梅干:咸梅,腌过的梅子。胡瓜:黄瓜。吸物:汤、清汤。刺身:生鱼片。

为宜。预备断食或一周间，粥三日，重汤四日。断食后或须一周间，重汤三日，粥四日，个半月体量恢复。半断食时服ゾチネ[1]。

到虎跑携带品：被褥帐枕，米，梅干，杨子，齿磨[2]，手巾手帕，便器，衣，洒水布，ゾチネ，日记纸笔书，番茶，镜。

预定期间，一日下午赴虎跑。上午闻玉去预备。中食饭，晚食粥，梅干。二、三、四日，粥，梅干。五、六、七日，重汤，梅干。八日至十七日断食。十八、十九、二十日，重汤，梅干。廿一、廿二、廿三、廿四日，粥，梅干，轻菜食。廿五日返校，常食。廿八日返沪。

卅日晨，命闻玉携蚊帐，米，纸，糊，用具到虎跑。室宜清闲，无人迹，无人声，面南，日光遮北，以楼为宜。是晚食饭，拂拭大小便器、桌椅。

午后四时半入山，晚餐素菜六籈（盛食物的圆形器具），极鲜美。食饭二盂，尚未餍，因明日始即预备断食，强止之。榻于客堂楼下，室面南，设榻于西隅，可以迎朝阳。闻玉设榻于后一小室，仅隔一板壁，故呼应便捷。晚燃菜油灯，作楷八十四字。自数日前病感冒，伤风微咳，今日仍未愈。口干鼻塞，喉紧声哑，但精神如常。八时眠，夜间因楼上僧人足声时作，未能安眠。

十二月一日，晴，微风，五十度。断食前期第一日。疾稍愈，七时半起床。是日午十一时食粥二盂，紫苏叶二片，豆腐三小方。晚五时食粥二盂，紫苏叶二片，梅一枚。饮冷水三杯，有

1　ゾチネ：一种西药名。
2　杨子：牙刷。齿磨：牙膏、牙粉。

留学日本前在上海演戏的李叔同

时混杏仁露，食小桔五枚。午后到寺外运动。

余平日之常课，为晨起冷水擦身，日光浴，眠前热水洗足。自今日起冷水擦身暂停，日光浴时间减短，洗足之热水改为温水，因欲使精神聚定，力避冷热极端之刺激也。对于后人断食者，应注意如下：

一、未断食时练习多食冷开水。断食初期改食冷生水，渐次加多。因断食时日饮五杯冷水殊不易，且恐腹泻也。

二、断食初期时之粥或米汤，于微温时食之，不可太热，因与冷水混合，恐致腹痛。

余每晨起后，必通大便一次。今晨如常，但十时后屡放屁不止。二时后又打嗝儿甚多，此为平日所无。是日书楷字百六十八，篆字百零八。夜观焰口，至九时始眠。夜微咳多噩梦，未能入眠。

二日，晴和，五十度。断食前期第二日。七时半起床，晨起无大便。是日午前十一时食粥一盂，梅一枚，紫苏叶二片。午后五时同。饮冷水三杯，食桔子三枚，因运动归来体倦故。是日舌苔白，口内粘滞，上牙里皮脱。精神如常，但过则疲□□。运动微觉疲倦，头目眩晕。自明日始即不运动。

晚侍和尚念佛，静坐一小时。写字百三十二，是日鼻塞。摹大同造像一幅，原拓本自和尚假来，尚有三幅明后续□□。八时半眠，夜梦为升高跳越运动。其处为器具拍卖场，陈设箱柜几椅并玩具装饰品等。余跳越于上，或腾空飞行于其间，足不履地，灵敏异常，获优胜之名誉。旁观有德国工程师二人，皆能操北京语。一人谓有如此之技能，可以任远东大运动会之某种运动，必获优胜，余

《张猛龙碑》局部 | 李叔同临

逊谢之。一人谓练习身体，断食最有效，吾二人已二日不食。余即告余现在虎跑断食，亦已预备二日矣。其旁又有一中国人，持一表，旁写题目，中并列长短之直红线数十条，如计算增减高低之表式，是记余跳越高低之顺序者。是人持示余，谓某处由低而高而低之处，最不易跳越，赞余有超人之绝技。后余出门下土坡，屡遇西洋妇人，皆与余为礼，贺余运动之成功，余笑谢之。梦至此遂醒。余生平未尝为一次运动，亦未尝梦中运动，头脑中久无此思想，忽得此梦，至为可异，殆因胃内虚空有以致之欤？

三日，晴和，五十二度。断食前第三日。七时半起床。是晨觉饥饿，胸中搅乱，苦闷异常，口干饮冷水。勉坐起披衣，头昏心乱，发虚汗作呕，力不能支，仍和衣卧少时。饮梅茶二杯，乃起床，精神疲愈，四肢无力。九时后精神稍复元，食桔子二枚。是晨无大便，饮药油一剂，十时半软便一次，甚畅快。十一时水泻一次，精神颇佳，与平常无大异。十一时二十分食粥半盂，梅一个，紫苏一枚。摹普泰造像、天监造像二页。饮水，食物，喉痛，或因泉水性太烈，使喉内脱皮之故。午后四时，饮水后打嗝，食小梨一个，五时食粥半盂。是日感冒伤风已愈，但有时微嗽。是日午后及晚，侍和尚念佛静坐一小时。八时半眠。入山欲断以来，即不能为长时之安眠，旋睡旋醒，辗转反侧。

四日，晴和，五十三度。断食前第四日。七时半起床。是晨气闷心跳口渴，但较昨晨则轻减多矣，饮冷水稍愈。起床后头微晕，四肢乏力。食小桔一枚，香蕉半个。八时半精神如常，上楼访弘声上人，借佛经三部。午后散步至山门，归来已觉微疲。是日打嗝儿甚多，口时作渴，一共饮冷水四大杯。摹大明造像一

李叔同早年临过很多古人碑帖。出家之后，书法风格由厚实刚劲走向清瘦沉静，形成了著名的「弘一体」。

《汉铜镫书》｜李叔同临

页。写楷字八十四，篆字五十四。无大便。四时后头昏，精神稍减，食小桔二枚。是日十一时饮米汤二盂，食米粒二十余。八时就床，就床前食香蕉半个。自预备断食，每夜三时后腿痛，手足麻木。（余前每逢严冬有此旧疾，但不甚剧。）

五日，晴和，五十三度。断食前第五日。七时半起床。是夜前半颇觉身体舒泰，后半夜仍腿痛，手足麻木。三时醒，口干，心微跳，较昨减轻。食香蕉半个，饮冷水稍眠。六时醒，气体甚好。起床后不似前二日之头晕乏力，精神如常，心胸愉快。到菜园采花供铁瓶。食梨半个，吐渣。自昨日起，多写字，觉左腰痛。是日腹中屡屡作响，时流鼻涕，喉中肿烂尚未愈。午后侍和尚念经静坐一小时，微觉腰痛，不如前日之稳静。三时食梨半个，吐渣。食香蕉半个。午、晚饮米汤一盂。写字百六十二。傍晚精神稍佳，恶寒口渴。本定于后日起断食，改自明日起断食，奉神诏也。

断食期内，每日饮梨汁一个之分量，饮桔汁三小个之分量，饮毕漱口。又因信仰上每晨餐神供生白米一粒，将眠，食香蕉半个。是日无大便，七时就床。是夜神经过敏甚剧，加以鼠声人鼾声，终夜未安眠。口甚干，后半夜腿痛稍轻，微觉肩痛。

六日，暖晴，晚半阴，五十六度。断食正期第一日。八时起床。三时醒，心跳胸闷，饮冷水桔汁及梅茶一杯。八时起床，手足乏力。头微晕，执笔作字殊乏力，精神不如昨日。八时半饮梅茶一杯。脑力渐衰，眼手不灵，写日记时有误字，多遗忘。九时半后精神稍可。十时后精神甚佳，口渴已愈。数日来喉中肿烂亦愈。今日到大殿去二次，计上下二十四级石阶四次，已觉足乏力，为以前所无。是日共饮梨汁一个，桔汁二个。傍晚精神不衰，较胜昨日，但足乏力耳。仍时流鼻涕，晚间精神尤佳。是日不觉如何饥饿。晚有便意，仅放屁数个，仍无便。是夜能安眠，前半夜尤稳安舒泰。眠前以棉花塞耳，并诵神人合一之旨。夜间腿痛已愈，但左肩微痛。七时就床，梦变为丰颜之少年，自谓系断食之效。

七日，阴复晴，夜大风，五十四度。断食正期第二日。六时半起床。四时醒，心跳微作即愈，较前二日减轻。饮冷水甚多。六时半即起床，因是日头晕已减轻，精神较昨日为佳，且天甚暖故早起床也。起床后饮桔汁一枚。晨览《释迦如来应化事迹图》。八时后精神不振，打哈欠，口塞流鼻涕，但起立行动如常。午后身体寒益甚，披被稍息。想出食物数种，他日试为之。炒饼、饼汤、虾仁豆腐、虾子面片、什锦丝、咸口瓜。三时起床，冷已愈，足力比昨日稍健。是日无大便，饮冷水较多。前半夜肩稍痛，须左右屡屡互易，后半夜已愈。

八日，阴，大风，寒，午后时露日光，五十度。断食正期第三日。十时起床。五时醒，气体至佳，如前数日之心跳头晕等皆无。因天寒大风，故起床较迟。起床后精神甚佳，手足有力，到院内散步。四时半就床，午后易寒，因早就床。是日食欲稍动，有时觉饥，并默想各种食物之种类及其滋味。是夜安眠，足关节稍痛。

九日，晴，寒，风，午后阴，四十八度。断食正期第四日。八时半起床。四时醒，气体极佳，与日常无异。起床后精神如常，手足有力。朝日照人，心目豁爽。小便后尿管微痛，因饮水太多之故。自今日始不饮梨桔汁，改饮盐梅茶二杯。午后因饮水

断食后的李叔同

过多，胸中苦闷。是日午前精神最佳，写字八十四，到菜圃散步。午后寒，一时拥被稍息。三时起床，室内运动。是日不感饥饿。因天寒五时半就床。

十日，阴，寒，四十七度。断食正期第五日。十时半起床。四时半醒，气体精神与昨同。起床后精神至佳。是日因寒故起床较迟。今日加饮盐汤一小杯。十一时杨、刘二君来谈至欢。因寒四时就床。是日写字半页。近日精神过敏已稍愈。故夜间较能安眠。但因昨日饮水过多伤胃，胃时苦闷，今日饮水较少。

十一日，阴寒，夕晴，四十七度。断食正期第六日。九时半起床。四时半醒，气体与昨同。夜间右足微痛，又胃部终不舒畅。是日口干，因寒起床稍迟。饮盐汤半杯，饮梨汁。夕晴，心目豁爽。写字百三十八。坐檐下曝日，四时就床，因寒早就床。是晚感谢神恩，誓必皈依。致福基书。

十二日，晨阴，大雾，寒，午后晴，四十八度。断食正期第七日。十一时起床。四时半醒，气体与昨同，足痛已愈，胃部已舒畅。口干，因寒不敢起床。十一时福基遣人送棉衣来，乃披衣起。饮梨汁及盐汤、桔汁。午后精神甚佳，耳目聪明，头脑爽快，胜于前数日。到菜圃散步。写字五十四。自昨日始，腹部有变动，微有便意，又有时稍感饥饿。是日饮水甚少。晚晴甚佳，四时半就床。

十三日，晨半晴阴，后晴和，夕风，五十四度。断食后期第一日。八时半起床。气体与昨同。晨饮淡米汤二盂，不知其味，屡有便意，口干后愈，饮梨汁桔汁。十一时饮浓米汤一盂，食梅干一个，不知其味。十一时服泻油少许，十一时半大便一次甚多。便色红，便时腹微痛，便后渐觉身体疲弱，手足无力。午后勉强到菜圃一次。是日不饮冷水。午前写字五十四。是日身体疲倦甚剧，断食正期未尝如是。胃口未开，不感饥饿，尤不愿饮米汤，是夕勉强饮一盂，不能再多饮。

十四日，晴，午前风，五十度。断食后期第二日。七时半起床。气体与昨同，夜间较能安眠。五时饮米汤一盂，口干，起床后精神较昨佳。大便轻泻一次，又饮米汤一盂，饮桔汁，食苹果半枚。是日因米汤梅干与胃口不合，于十一时饮薄藕粉一盂，炒米糕二片，极觉美味，精神亦骤加。精神复元，是日极愉快满足。一时饮薄藕粉一盂，米糕一片。写字三百八十四。腰腕稍痛，暗记诵《神乐歌序章》。四时食稀粥一盂，咸蛋半个，梅干一个，是日不感十分饥饿，如是已甚满足。五时半就床。

十五日，晴，四十九度。断食后期第三日。七时起床。夜间渐能眠，气体无异平时。拥衾饮茶一杯，食米糕三片。早食藕粉米糕，午前到佛堂菜圃散步，写字八十四。午食粥二盂，青菜咸蛋少许。夕食芋四个，极鲜美。食梨一个，桔二个。敬抄《御神乐歌》二页，暗记诵一、二、三下目。晚饮粥二盂，青菜咸蛋，少许梅干。晚食粥后，又食米糕饮茶，未能调和，胃不合，终夜屡打嗝儿，腹鸣。是日无大便，七时就床。

十六日，晴，四十九度。断食后期第四日。七时半起床。晨饮红茶一杯，食藕粉芋。午食薄粥三盂，青菜芋大半碗，极美。有生以来不知菜芋之味如是也。食桔，苹果，晚食与午同。是日午后出山门散步，诵《神乐歌》，甚愉快。入山以来，此为愉快之第一日矣。敬抄《神乐歌》七页，暗记诵四、五下目。晚食后食烟一服。七时半就床，夜眠较迟，胃甚安，是日无大便。

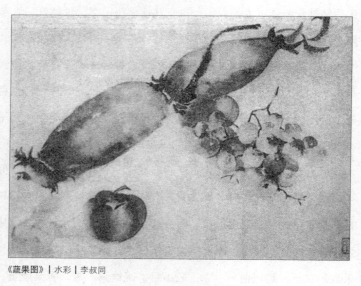

《蔬果图》▏水彩▏李叔同

十七日，晴暖，五十二度。断食后期第五日。七时起床。夜间仍不能多眠，晨饮泻油极少量。晨餐浓粥一盂，芋五个，仍不足，再食米糕三个，藕粉一盂。九时半大便一次，极畅快。到菜圃诵《御神乐歌》。中膳，米饭一盂，粥三盂，油炸豆腐一碗。本寺例初一、十五始食豆腐，今日特因僧人某死，葬资有余。故以之购食豆腐。午前后到山门外散步二次。拟定出山门后剃须。闻玉采萝卜来，食之至甘。晚膳粥三盂，豆腐青菜一盂，极美。今日抄《御神乐歌》五页，暗记诵六下目。作书寄普慈。是日大便后愉快，晚膳后尤愉快，坐檐下久。拟定今后更名欣，字同。七时半就床。

十八日，阴，微雨，四十九度。断食后期最后一日。五时半起床。夜间酣眠八小时，甚畅快，入山以来未之有也。是晨早起，因欲食寺中早粥。起床后大便一次甚畅。六时半食浓粥三盂，豆腐青菜一盂，胃甚涨。坐菜圃小屋诵《神乐歌》，今日暗记诵七下目，敬抄《神乐歌》八页。午，食饭二盂，豆腐青菜一盂，胃涨大，食烟一服。午后到山中散步，足力极健。采干花草数枝，松子数个。晚食浓粥二盂，青菜半盂，仅食此不敢再多，恐胃涨也。餐后胸中极感愉快。灯下写字五十四，辑订断食中字课，七时半就床。

十九日，阴，微雨，四时半起床。午后一时出山归校。嘱托闻玉事件：晚饭菜，桔子，做衣服附袖头，二十二要，轿子油布，轿夫选择，新蚊帐，夜壶。自己事件：写真，付饭钱，致普慈信。

南闽十年之梦影

我一到南普陀寺，就想来养王院和诸位法师讲谈讲谈，原定的题目是"余之忏悔"，说来话长，非十几小时不能讲完。近来因为讲律，须得把讲稿写好，总抽不出一个时间来，心里又怕负了自己的初愿，只好抽出很短的时间，来和诸位谈谈，谈我在南闽十年中的几件事情！

我第一回到南闽，在一九二八年的十一月，是从上海来的。起初还是在温州，我在温州住得很久，差不多有十年光景。

由温州到上海，是为着编辑护生画集的事，和朋友商量一切；到十一月底，才把护生画集编好。

那时我听人说：尤惜阴居士也在上海。他是我旧时很要好的朋友，我就想去看一看他。一天下午，我去看尤居士，居士说要到暹罗国去，第二天一早就要动身的。我听了觉得很喜欢，于是也想和他一道去。

我就在十几小时中，急急地预备着。第二天早晨，天还没大亮，就赶到轮船码头，和尤居士一起动身到暹罗国去了。从上海到暹罗，是要经过厦门的，料不到这就成了我来厦门的因缘。十二月初，到了厦门，承陈敬贤居士的招待，也在他们的楼上吃过午饭，后来陈居士就介绍我到南普陀寺来。那时的南普陀寺，

《护生画集》为弘一法师和丰子恺先生师徒合作的济世书画集。由弘一法师书，丰子恺画。上面是丰子恺的画，下面是弘一法师的书法。

朗月光华照临万物
山川草木清凉沆瀣
翔动飞沈团圞和悦
共浴灵晖如登乐园

印仁补题

《护生画集》

弘一法师在上海

和现在不同，马路还没有建筑，我是坐着轿子到寺里来的。

到了南普陀寺，就在方丈楼上住了几天。时常来谈天的，有性愿老法师、芝峰法师等。芝峰法师和我同在温州，虽不曾见过面，却是很相契的。现在突然在南普陀寺晤见了，真是说不出的高兴。

我本来是要到暹罗去的，因着诸位法师的挽留，就留滞在厦门，不想到暹罗国去了。

在厦门住了几天，又到小云峰那边去过年。一直到正月半以后才回到厦门，住在闽南佛学院的小楼上，约莫住了三个月工夫。看到院里面的学僧虽然只有二十几位，他们的态度都很文雅，而且很有礼貌，和教职员的感情也很不差，我当时很赞美他们。

这时芝峰法师就谈起佛学院里的课程来。他说："门类分得很多，时间的分配却很少，这样下去，怕没有什么成绩吧？"

因此，我表示了一点意见，大约是说："把英文和算术等删掉，佛学却不可减少，而且还得增加，就把腾出来的时间教佛学吧！"

他们都很赞成。听说从此以后，学生们的成绩，确比以前好得多了！

我在佛学院的小楼上，一直住到四月间，怕将来的天气更会热起来，于是又回到温州去。

第二回到南闽，是在一九二九年十月。起初在南普陀寺住了几天，以后因为寺里要做水陆，又搬到太平岩去住。等到水陆圆满，又回到寺里，在前面的老功德楼住着。

当时闽南佛学院的学生，忽然增加了两倍多，约有六十多位，管理方面不免感到困难。虽然竭力地整顿，终不能恢复以前的样子。

不久，我又到小雪峰去过年，正月半才到承天寺来。

那时性愿老法师也在承天寺，在起草章程，说是想办什么研究社。

不久，研究社成立了，景象很好，真所谓人才济济，很有一种难以形容的盛况。现在妙释寺的善契师，南山寺的传证师，以及已故南普陀寺的广究师……都是那时候的学僧哩！

研究社初办的几个月间，常住的经忏很少，每天有工夫上课，所以成绩卓著，为别处所少有。

当时我也在那边教了两回写字的方法，遇有闲空，又拿寺里那些古版的藏经来整理整理，后来还编成目录，至今留在那边。这样在寺里约莫住了三个月，到四月，怕天气要热起来，又回到温州去。

一九三一年九月，广洽法师写信来，说很盼望我到厦门去。当时我就从温州动身到上海，预备再到厦门；但许多朋友都说：时局不大安定，远行颇不相宜，于是我只好仍回温州。直到转年（即一九三二年）十月，到了厦门，计算起来，已是第三回了！

到厦门之后，由性愿老法师介绍，到山边岩去住；但其间妙释寺也去住了几天。

那时我虽然没有到南普陀寺来住；但佛学院的学僧和教职员，却是常常来妙释寺谈天的。

一九三三年正月廿一日，我开始在妙释寺讲律。

这年五月，又移到开元寺去。

弘一法师偕刘质平（左）与丰子恺合影

刘质平和丰子恺都是李叔同在浙江师范学院的学生，后来都在各自的领域颇有建树。

当时许多学律的僧众，都能勇猛精进，一天到晚地用功，从没有空过的工夫；就是秩序方面也很好，大家都啧啧地称赞着。

有一天，已是黄昏时候了！我在学僧们宿舍前面的大树下立着，各房灯火发出很亮的光；诵经之声，又复朗朗入耳，一时心中觉得有无限的欢慰！可是这种良好的景象，不能长久地继续下去，恍如昙花一现，不久就消失了。但是当时的景象，却很深地印在我的脑中，现在回想起来，还如在大树底下目睹一般。这是永远不会消灭，永远不会忘记的啊！

十一月，我搬到草庵来过年。

一九三四年二月，又回到南普陀寺。

当时旧友大半散了；佛学院中的教职员和学僧，也没有一位原认识的！

我这一回到南普陀寺来，是准了常惺法师的约，来整顿僧教育的。后来我观察情形，觉得因缘还没有成熟，要想整顿，一时也无从着手，所以就作罢了。此后并没有到闽南佛学院去。

讲到这里，我顺便将我个人对于僧教育的意见，说明一下：

我平时对于佛教是不愿意去分别哪一宗、哪一派的，因为我觉得各宗各派，都各有各的长处。

但是有一点，我以为无论哪一宗哪一派的学僧，却非深信不可，这就是佛教的基本原则，就是深信善恶因果报应的道理——善有善报，恶有恶报；同时还须深信佛菩萨的灵感！这不仅初级的学僧应该这样，就是升到佛教大学也要这样！

善恶因果报应和佛菩萨的灵感道理，虽然很容易懂；可是能彻底相信的却不多。这所谓信，不是口头说说的信，是要内心切切实实去信的呀!

咳! 这很容易明白的道理,若要切切实实地去信,却不容易啊!

我以为无论如何,必须深信善恶因果报应和诸佛菩萨灵感的道理,才有做佛教徒的资格!

须知善有善报,恶有恶报,这种因果报应,是丝毫不爽的! 又须知我们一个人所有的行为,一举一动,以至起心动念,诸佛菩萨都看得清清楚楚!

一个人若能这样十分决定地信着,他的品行道德,自然会一天比一天地高起来!

要晓得我们出家人,就所谓"僧宝",在俗家人之上,地位是很高的。所以品行道德,也要在俗家人之上才行!

倘品行道德仅能和俗家人相等,那已经难为情了! 何况不如? 又何况十分地不如呢? ……咳! ……这样他们看出家人就要十分地轻慢,十分地鄙视,种种讥笑的话,也接连地来了……

记得我将要出家的时候,有一位在北京的老朋友写信来劝告我,你知道他劝告的是什么,他说:"听到你不要做人,要做僧去了……"

咳! ……我们听到了这话,该是怎样的痛心啊! 他以为做僧的,都不是人,简直把僧不当人看了! 你想,这句话多么厉害呀!

出家人何以不是人? 为什么被人轻慢到这地步? 我们都得自己反省一下! 我想:这原因都由于我们出家人做人太随便的缘故;种种太随便了,就闹出这样的话柄来了。

至于为什么会随便呢? 那就是由于不能深信善恶因果报应和诸佛菩萨灵感的道理的缘故。倘若我们能够真正生信,十分决定地信，我想就是把你的脑袋斫掉，也不肯随便的了！

以上所说，并不是单单养正院的学僧应该牢记，就是佛教大学的学僧也应该牢记，相信善恶因果报应和诸佛菩萨灵感不爽的道理！

就我个人而论，已经是将近六十的人了，出家已有二十年，但我依旧喜欢看这类的书！——记载善恶因果报应和佛菩萨灵感的书。

我近来省察自己，觉得自己越弄越不像了！所以我要常常研究这一类的书：希望我的品行道德，一天高尚一天；希望能够改过迁善，做一个好人；又因为我想做一个好人，同时我也希望诸位都做好人！

这一段话，虽然是我勉励我自己的，但我很希望诸位也能照样去实行！

关于善恶因果报应和佛菩萨灵感的书，印光老法师在苏州所办的弘化社那边印得很多，定价也很低廉，诸位若要看的话，可托广洽法师写信去购请，或者他们会赠送也未可知。

以上是我个人对于僧教育的一点意见。下面我再来说几样事情：

我于一九三五年到惠安净峰寺去住。到十一月，忽然生了一场大病，所以我就搬到草庵来养病。

这一回的大病，可以说是我一生的大纪念！

我于一九三六年的正月，扶病到南普陀寺来。在病床上有一只钟，比其他的钟总要慢两刻，别人看到了，总是说这个钟不准，我说："这是草庵钟。"

别人听了"草庵钟"三字还是不懂，难道天下的钟也有许多

《弘一法师的背影》│一九三六年│摄于厦门鼓浪屿

李叔同身为成就卓越的文化名流，却在三十九岁的盛年之时脱胎换骨，遁入空门，逐步成为一代高僧，这样的人生历程为后人留下了无数的思考，尤其是对人生意义的思考。

不同的么？现在就让我详详细细地来说个明白：

我那一回大病，在草庵住了一个多月。摆在病床上的钟，是以草庵的钟为标准的。而草庵的钟，总比一般的钟要慢半点。

我以后虽然移到南普陀寺，但我的钟还是那个样子，比平常的钟慢两刻，所以"草庵钟"就成了一个名词了。这件事由别人看来，也许以为是很好笑的吧！但我觉得很有意思！因为我看到这个钟，就想到我在草庵生大病的情形了，往往使我发大惭愧，惭愧我德薄业重。

我要自己时时发大惭愧，我总是故意地把钟改慢两刻，照草庵那钟的样子，不止当时如此，到现在还是如此，而且愿尽形寿，常常如此。

以后在南普陀寺住了几个月，于五月间，才到鼓浪屿日光岩去。十二月仍回南普陀寺。

到今年一九三七年，我在闽南居住，算起来，首尾已是十年了。

回想我在这十年之中，在闽南所做的事情，成功的却是很少很少，残缺破碎的居其大半，所以我常常自己反省，觉得自己的德行，实在十分欠缺！

因此近来我自己起了一个名字，叫"二一老人"。什么叫"二一老人"呢？这有我自己的根据。

记得古人有句诗："一事无成人渐老。"

清初吴梅村（伟业）临终的绝命词有："一钱不值何消说。"

这两句诗的开头都是"一"字，所以我用来做自己的名字，叫做"二一老人"。

《弘一法师与黄福海》┃一九三九年摄于泉州

黄福海倾慕弘一法师的书法，终生研习法师的书法与思想，是「弘一体」书法的传人。

因此我十年来在闽南所做的事，虽然不完满，而我也不怎样地去求它完满了！

诸位要晓得：我的性情是很特别的，我只希望我的事情失败，因为事情失败、不完满，这才使我常常发大惭愧！能够晓得自己的德行欠缺，自己的修善不足，那我才可努力用功，努力改过迁善！

一个人如果事情做完满了，那么这个人就会心满意足，洋洋得意，反而增长他贡高我慢的念头，生出种种的过失来！所以还是不去希望完满的好！

不论什么事，总希望它失败，失败才会发大惭愧！倘若因成功而得意，那就不得了啦！

我近来，每每想到"二一老人"这个名字，觉得很有意味！

这"二一老人"的名字，也可以算是我在闽南居住了十年的一个最好的纪念！

丁丑二月十六日在南普陀寺佛教养正院讲

放生与杀生之果报

今日与诸君相见，先问诸君：一、欲延寿否？二、欲愈病否？三、欲免难否？四、欲得子否？五、欲生西否？

倘愿者，今有一最简便易行之法奉告，即是放生也。

古今来，关于放生能延寿等之果报事迹甚多。今每门各举一事，为诸君言之。

一、延寿

张从善，幼年，尝持活鱼，刺指痛甚。自念："我伤一指，痛楚如是。群鱼剔腮剖腹，断尾剖鳞，其痛如何？特不能言耳。"遂尽放之溪中，自此不复伤一物，享年九十有八。

二、愈病

杭州叶洪五，九岁时，得噩梦，惊寤，呕血满床，久治不愈。先是彼甚聪颖，家人皆爱之，多与之钱，已积数千缗。至是，其祖母指钱曰："病至不起，欲此何为？"尽其所有，买物放生，及钱尽，病遂痊愈矣。

三、免难

嘉兴孔某,至一亲戚家。留午餐,将杀鸡供馔。孔力止之,继以誓,遂止。是夕宿其家,正捣米,悬石杵于朽梁之上。孔卧其下。更余,已眠。忽有鸡来啄其头,驱去复来,如是者三。孔不胜其扰,遂起觅火逐之。甫离席,而杵坠,正在其首卧处。孔遂悟鸡报恩也。每举以告人,劝勿杀生。

四、得子

杭州杨墅庙,甚有灵感。绍兴人倪玉树,赴庙求子。愿得子日,杀猪羊鸡鹅等谢神。夜梦神告曰:"汝欲生子,乃立杀愿何耶?"倪叩首乞示。神曰:"尔欲有子,物亦欲有子也。物之多子者莫如鱼、虾、螺等,尔盍放之!"倪自是见鱼、虾、螺等,即买而投之江。后果连产五子。

五、生西

湖南张居士,旧业屠,每早宰猪,听邻寺晓钟声为准。一日忽无声。张问之,僧云:"夜梦十一人乞命,谓不鸣钟可免也。"张念所欲宰之猪,适有十一子。遂乃感悟。弃屠业,皈依佛法。勤修十余年,已得神通,知去来事。预告命终之日,端坐而逝。经谓上品往生,须慈心不杀,张居士因戒杀而得往生西方,决无疑矣。

以上所言,且据放生之人今生所得之果报。若据究竟而言,

《华严经》集句五言联

「常饮法甘露·安住宝莲华」语出《华严经》。此联的书法具有刚劲的特点，展示了弘一法师书法的早期风格。

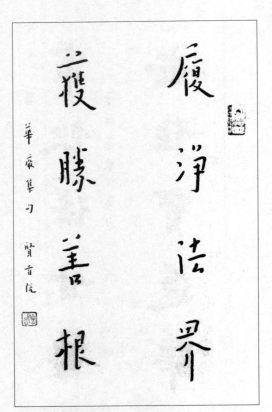

《华严经》集句四言联

『履净法界，获胜善根』同样语出《华严经》。此联是『弘一体』书法的代表作之一，书法稚拙而瘦劲，体现了弘一法师后期的风格。

当来决定成佛。因佛心者,大慈悲是,今能放生,即具慈悲之心,能植成佛之因也。

放生之功德如此。则杀生所应得之恶报,可想而知,无须再举。因杀生之人,现生即短命、多病、多难、无子及不得生西也。命终之后,先堕地狱、饿鬼、畜生,经无量劫、备受众苦。地狱、饿鬼之苦,人皆知之。至生于畜生中,即常常有怨仇返报之事。昔日杀牛、羊、猪、鸡、鸭、鱼、虾等之人,即自变为牛、羊、鸡、鸭、鱼、虾等。昔日被杀之牛、羊、猪、鸡、鸭、鱼、虾等,或变为人,而返杀害之。此是因果报应之理,决定无疑,而不能幸免者也。

既经无量劫,生三恶道,受报渐毕。再生人中,依旧短命、多病、多难、无子及不得生西也。以后须再经过多劫,渐种善根,能行放生戒杀诸善事,又能勇猛精勤、忏悔往业,乃能渐离一切苦难也。

抑余又有为诸君言者。上所述杀牛、羊、猪、鸡、鸭、鱼、虾,乃举其大者而言。下至极微细之苍蝇、蚊虫、臭虫、跳蚤、蜈蚣、壁虎、蚁子等,亦决不可害损。倘故意杀一蚊虫,亦决定获得如上所述之种种苦报。断不可以其物微细而轻忽之也。

今日与诸君相见,余已述放生与杀生之果报如此苦乐不同。唯愿诸君自今以后,力行放生之事,痛改杀生之事。余尝闻人云:泉州近来放生之法会甚多,但杀生之家犹复不少。或有一人茹素,而家中男女等仍买鸡、鸭、鱼、虾等之活物任意杀害。愿诸君于此事多多注意。自己既不杀生,亦应劝一切人皆不杀生。况家中男女等,皆自己所亲爱之人,岂忍见其故造杀业,行将备受大苦,而不加以劝告阻止耶?诸君勉旃,愿悉听受余之忠言也。

癸酉五月十五日在泉州大开元寺讲

《弘一法师在泉州》｜摄于一九四二年

泉州弘法记

（戊寅）十月下旬，在清尘堂，讲《药师如来法门》一次。此讲稿已印行两次。

十一月初旬，在承天寺，讲《金刚经大意》一次。法院曾院长请讲。

十一月下旬，在承天寺，讲《最后之□□》一次。已印行为养正院学僧讲。

十二月一日始至正月廿四日，闭关谢客。

因阅省府令将使僧众服兵役事，于正月廿五日在寺演讲一次，安慰僧众，倘此事实行时，愿为力争，并绝食以要求，令大众毋惧。虽往永春，亦仍负责。

（己卯）正月元旦始，在月台别院，即关房内，讲《药师经》共十日。

二月五日始，在月台别院，讲《裴相发菩提心文》共三日。

二月十日始，在承天寺，讲《药师经》共七日。

二月十九日，在朵莲寺，讲《读诵华严经之灵感事迹》一次。

二月二十日，在光明寺，即世斋堂，讲《持诵药师咒之方法》一次。不久可以印行。

二月二十一日，在同莲寺，讲《净土法门之殊胜》一次。

二月二十二日，在温陵养老院，讲《地藏菩萨之灵感事迹》一次。

戊寅，（已下悉同）旧历正月元旦始至初十日止，在草庵，讲《华严普贤行愿品》。

二十日，到泉州，住承天寺月台别院。

二十六日，在大开元寺，讲《念佛能免灾难》。

二月初一日始至初十日止，在承天寺，讲《华严普贤行愿品》。

十二日，在开元慈儿院，讲《释迦牟尼佛在因地中为法舍身事》。

十三日，在妇人养老院，讲《净土法门》。

十四日，在温陵男养老院，讲《劳动与念佛》。

十六日，在崇福寺，讲《三皈五戒浅义》。复在救济院，劝念观世音菩萨名号。为院众近百人授三皈依。

十七日始至二十日止，在大开元寺，讲《心经大意》。

二十三日，在朵莲寺，讲《药师如来本愿功德经大意》。

二十六日，在昭昧国学专校，讲《佛教之源流及宗派》。复有他校二处请演讲，未能往。

三月初一日始至初三日止，在清尘堂，讲《华严大意》。

初五日，往惠安。

初八日，值念佛会，为讲《修净土宗者应注意之数事》。

初九日，讲《十宗略义》。

初十日，讲《华严五教大意》。学校请演讲，未往。

十一日，归泉州。

二十一日，往厦门，应鼓浪屿了闲社法会请，演讲三日。复往福州弘法。

《如意轮观世音》｜清代｜丁观鹏｜《法界源流图》局部

最后之□□[1]

佛教养正院已办有四年了。诸位同学初来的时候，身体很小，经过四年之久，身体皆大起来了，有的和我也差不多。啊！光阴很快。人生在世，自幼年至中年，自中年至老年，虽然经过几十年之光景，实与一会儿差不多。就我自己而论，我的年纪将到六十了，回想从小孩子的时候起到现在，种种经过如在目前。啊！我想我以往经过的情形，只有一句话可以对诸位说，就是"不堪回首"而已。

我常自己来想，啊！我是一个禽兽吗？好像不是，因为我还是一个人身。我的天良丧尽了吗？好像还没有，因为我尚有一线天良常常想念自己的过失。我从小孩子起一直到现在都埋头造恶吗？好像也不是，因为我小孩子的时候，常行袁了凡的功过格，三十岁以后，很注意于修养，初出家时，也不是没有道心。虽然如此，但出家以后一直到现在，便大不同了：因为出家以后二十年之中，一天比一天堕落，身体虽然不是禽兽，而心则与禽兽差不多。天良虽然没有完全丧尽，但是昏聩糊涂，一天比一天厉害，抑或与天良丧尽也差不多了。讲到埋头造恶的一句话，我自

1　《最后之□□》：本文收入《晚晴老人讲演录》时，标题后二字空，根据弘一大师本意及通篇主旨，这两字当作"忏悔"，"最后之忏悔"意在表明其"悔过自新"之意。

一九三七年秋弘一法师在上海

从出家以后，恶念一天比一天增加，善念一天比一天退失，一直到现在，可以说是醇乎其醇的一个埋头造恶的人，这个也无须客气，也无须谦让了。

就以上所说看起来，我从出家后已经堕落到这种地步，真可令人惊叹；其中到闽南以后十年的工夫，尤其是堕落的堕落。去年春间曾经在养正院讲过一次，所讲的题目，就是《南闽十年之梦影》，那一次所讲的，字字之中，都可以看到我的泪痕。诸位应当还记得吧。

可是到了今年，比去年更不像样子了；自从正月二十到泉州，这两个月之中，弄得不知所云。不只我自己看不过去；就是我的朋友也说我以前如闲云野鹤，独往独来，随意栖止，何以近来竟大改常度，到处演讲，常常见客，时时宴会，简直变成一个"应酬的和尚"了，这是我的朋友所讲的。啊！"应酬的和尚"这五个字，我想我自己近来倒很有几分相像。

如是在泉州住了两个月以后，又到惠安到厦门到漳州，都是继续前稿；除了利养，还是名闻，除了名闻，还是利养。日常生活，总不在名闻利养之外，虽在瑞竹岩住了两个月，稍少闲静，但是不久，又到祈保亭冒充善知识，受了许多的善男信女的礼拜供养，可以说是惭愧已极了。

九月又到安海，住了一个月，十分的热闹。近来再到泉州，虽然时常起一种恐惧厌离的心，但是仍不免向这一条名闻利养的路上前进。可是近来也有件可庆幸的事，因为我近来得到永春十五岁小孩子的一封信。他劝我以后不可常常宴会，要养静用功；信中又说起他近来的生活，如吟诗、赏月、看花、静坐等，洋洋千言的一封信。啊！他是一个十五岁的小孩子，竟有如此高尚的思想，正当的见解；我看到他这一封信，真是惭愧万分了。我自从得到他的信以后，就以十分坚决的心，谢绝宴会，虽然得罪了别人，也不管他，这个也可算是近来一件可庆幸的事了。

虽然是如此，但我的过失也太多了，可以说是从头至足，没有一处无过失，岂止谢绝宴会，就算了结了吗？尤其是今年几个月之中，极力冒充善知识，实在是太为佛门丢脸。别人或者能够原谅我；但我对我自己，绝不能够原谅，断不能如此马马虎虎地过去。所以我近来对人讲话的时候，绝不顾惜情面，决定赶快料理没有了结的事情，将"法师""老法师""律师"等名目，一概取消，将学人侍者等一概辞谢；孑然一身，遂我初服，这个或者亦是我一生的大结束了。

啊！再过一个多月，我的年纪要到六十了。像我出家以来，既然是无惭无愧，埋头造恶，所以到现在所做的事，大半支离破碎不能圆满，这个也是份所当然。只有对于养正院诸位同学，相处四年之久，有点不能忘情；我很盼望养正院从此以后，能够复兴起来，为全国模范的僧学院。可是我的年纪老了，又没有道德学问，我以后对于养正院，也只可说"爱莫能助"了。

啊！与诸位同学谈得时间也太久了，且用古人的诗来做临别赠言。诗云：

□□□□□□□，万事都从缺陷好；

吟到夕阳山外山，古今谁免余情绕。

戊寅十一月十四日在南普陀寺佛教养正院同学会席上讲

《弘一大师油画像》 | 徐悲鸿

人生之最后

岁次壬申十二月，厦门妙释寺念佛会请余讲演，录写此稿。于时了识律师卧病不起，日夜愁苦。见此讲稿，悲欣交集，遂放下身心，屏弃医药，努力念佛。并扶病起，礼大悲忏，吭声唱诵，长跪经时，勇猛精进，超胜常人。见者闻者，靡不为之惊喜赞叹，谓感动之力有如是剧且大耶。余因念此稿虽仅数纸，而皆撮录古今嘉言及自所经验，乐简略者或有所取。乃为治定，付刊流布焉。弘一演音记。

第一章 绪言

古诗云："我见他人死，我心热如火，不是热他人，看看轮到我。"人生最后一段大事岂可须臾忘耶。今为讲述，次分六章，如下所列。

第二章 病重时

当病重时应将一切家事及自己身体悉皆放下。专意念佛，一心希冀往生西方。能如是者，如寿已尽，决定往生。如寿未尽，虽求往生而病反能速愈，因心至专诚，故能灭除宿世恶业也。倘不如是放下一切专意念佛者，如寿已尽，决定不能往生，因自己专求病愈不求往生，无由往生故。如寿未尽，因其一心希望病愈，妄生忧怖，不唯不能速愈，反更增加病苦耳。

病未重时，亦可服药，但仍须精进念佛，勿作服药愈病之想。病既重时，可以不服药也。余昔卧病石室，有劝延医服药者，说偈谢云："阿弥陀佛，无上医王，舍此不求，是谓痴狂。一句弥陀，阿伽陀药，舍此不服，是谓大错。"因平日既信净土法门，谆谆为人讲说。今自患病何反舍此而求医药，可不谓为痴狂大错耶。若病重时痛苦甚剧者，切勿惊惶。因此病苦，乃宿世业障。或亦是转未来三途恶道之苦，于今生轻受，以速了偿也。

自己所有衣服诸物，宜于病重之时，即施他人。若依《地藏菩萨本愿经如来赞叹品》所言供养经像等，则弥善矣。

若病重时，神识犹清，应请善知识为之说法，尽力安慰。举病者今生所修善业，一一详言而赞叹之，令病者心生欢喜，无有疑虑。自知命终之后，承斯善业，决定生西。

第三章　临终时

临终之际，切勿询问遗嘱，亦勿闲谈杂话。恐彼牵动爱情，贪恋世间，有碍往生耳。若欲留遗嘱者，应于康健时书写，付人保藏。

倘自言欲沐浴更衣者，则可顺其所欲而试为之。若言不欲，或噤口不能言者，皆不须强为。因常人命终之前，身体不免痛

《悲欣交集》｜弘一法师绝笔

苦。倘强为移动沐浴更衣，则痛苦将更加剧。世有发愿生西之人，临终为眷属等移动扰乱，破坏其正念，遂致不能往生者，甚多甚多。又有临终可生善道，乃为他人误触，遂起嗔心，而牵入恶道者，如经所载阿耆达王死堕蛇身，岂不可畏。

临终时或坐或卧，皆随其意，未宜勉强。若自觉气力衰弱者，尽可卧床，勿求好看勉力坐起。时，本应面西右胁侧卧。若因身体痛苦，改为仰卧，或面东左胁侧卧者，亦任其自然，不可强制。

大众助念佛时，应请阿弥陀佛接引像，供于病人卧室，令彼瞩视。

助念之人，多少不拘。人多者，宜轮班念，相续不断。或念六字，或念四字，或快或慢，皆须预问病人，随其平日习惯及好乐者念之，病人乃能相随默念。今见助念者皆随己意，不问病人，既已违其平日习惯及好乐，何能相随默念。余愿自今以后，凡任助念者，于此一事切宜留意。

又寻常助念者，皆用引磬小木鱼。以余经验言之，神经衰弱者，病时甚畏引磬及小木鱼声，因其声尖锐，刺激神经，反令心神不宁。若依余意，应免除引磬小木鱼，仅用音声助念，最为妥当或改为大钟大磬大木鱼，其声宏壮，闻者能起肃敬之念，实胜于引磬小木鱼也。但人之所好，各有不同。此事必须预先向病人详细问明，随其所好而试行之。或有未宜，尽可随时改变，万勿固执。

第四章　命终后一日

既已命终，最切要者，不可急忙移动。虽身染便秽，亦勿

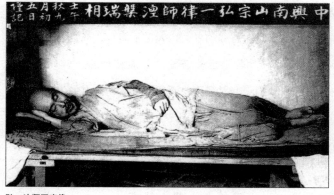

弘一法师圆寂像

弘一法师为僧二十五载，精研律宗，弘扬佛法，以身作则，堪称一代宗师。出家后他曾大病三场，最后一次大病时，他预知迁化日期，谢绝医药，致函夏丏尊、刘质平诀别，而后在「悲欣交集」的心境下圆寂。

即为洗涤。必须经过八小时后，乃能浴身更衣。常人皆不注意此事，而最要紧。唯望广劝同人，依此谨慎行之。

命终前后，家人万不可哭。哭有何益，能尽力帮助念佛乃于亡者有实益耳。若必欲哭者，须俟命终八小时后。

顶门温暖之说，虽有所据，然亦不可固执。但能平日信愿真切，临终正念分明者，即可证其往生。

命终之后，念佛已毕，即锁房门。深防他人入内误触亡者。必须经过八小时后，乃能浴身更衣。（前文已言，今再谆嘱，切记切记。）因八小时内若移动者，亡人虽不能言，亦觉痛苦。

八小时后着衣，若手足关节硬，不能转动者，应以热水淋洗。用布搅热水，围于臂肘膝弯。不久即可活动，有如生人。

殓衣宜用旧物，不用新者。其新衣应布施他人，能令亡者获福。

不宜用好棺木，亦不宜做大坟。此等奢侈事，皆不利于亡人。

第五章　荐亡等事

七七日内，欲延僧众荐亡，以念佛为主。若诵经拜忏焰口水陆等事，虽有不可思议功德，然现今僧众视为具文，敷衍了事，不能如法，罕有实益。《印光法师文钞》中屡斥诫之，谓其唯属场面，徒作虚套。若专念佛，则人人能念，最为切实，能获莫大之利矣。

如请僧众念佛时，家族亦应随念。但女众宜在自室或布帐之内，免生讥议。

凡念佛等一切功德，皆宜回向普及法界众生，则其功德乃能遺囑。

劉質平居士披閱

余命終後。凡追悼會建塔及
其他紀念之事皆不可做。因千萬
事與余毫無益反失福也。
倘欲做一事業為余紀念者。

將四分律比丘戒相表記。印二千冊。

《与刘质平手书遗嘱》| 弘一法师

丰子恺是弘一法师的得意弟子。一九三七年抗战爆发，丰子恺携着退居桂林后，致信请弘一法师到桂林同住，但其时弘一法师立志「念佛救国」，未接受邀请。

《致弘一法师信札》| 丰子恺

广大。而亡者所获利益，亦更因之增长。

开吊时宜用素斋，万勿用荤，致杀害生命，大不利于亡人。

出丧仪文，切勿铺张。毋图生者好看，应为亡者惜福也。

七七以后，亦应常行追荐，以尽孝思。莲池大师谓年中常须追荐先亡。不得谓已得解脱，遂不举行耳。

第六章　劝请发起临终助念会

此事最为切要。应于城乡各地，多多设立。饬终津梁中有详细章程，宜检阅之。

第七章　结语

残年将尽，不久即是腊月三十日，为一年最后。若未将钱财预备稳妥，则债主纷来，如何抵挡。吾人临命终时，乃是一生之腊月三十日，为人生最后。若未将往生资粮预备稳妥，必致手忙脚乱呼爷叫娘，多生恶业一齐现前，如何摆脱。临终虽恃他助念，诸事如法。但自己亦须平日修持，乃可临终自在。奉劝诸仁者，总要及早预备才好。

佛背坐无愚林中一切众生浮沈
苦海永隨生惡趣誰云救
佛慈悲耶

《罗汉图》｜清代｜李瑞清

修
行
入
门
篇

授三皈依大意

第一章　三皈之略义

三皈者，皈依于佛、法、僧三宝也。

三宝义甚广，有种种区别。今且就常人最易了解者，略举之。

佛者，如释迦牟尼佛、阿弥陀佛等诸佛是也。法者，为佛所说之法，或菩萨等依据佛意所说之法，即现今所流传之大小乘经律论三藏也。僧者，如菩萨声闻诸圣贤众，下至仅剃发被袈裟者皆是也。

皈依者，皈向依赖之意。

皈依于三宝者，乞三宝救护也。《大方便佛报恩经》云：譬人获罪于王，投向异国以求救护。异国王言，汝来无畏，但莫出我境，莫违我教，必相救护，众生亦尔。系属于魔，有生死罪。皈向三宝，以求救护。若诚心皈依，更无异向，不违佛教，魔王邪恶，无如之何。

◎既已皈依于佛，自今以后，决不再依天仙神鬼一切诸外道等。

◎既已皈依于法，自今以后，决不再依诸外道典籍。

◎既已皈依于僧，自今以后，决不再依于不奉行佛法者。

《大宝莲释迦牟尼佛》｜清代｜黎明｜《法界源流图》局部

第二章　授三皈之方法

一、忏悔。二、正授三皈。三、发愿回向。

应先请授者详力解释此三种文义。因仅读文而未解义，不能获诸善法也。

正授三皈之文有多种，常所用者如下：

◎我某甲，尽形寿，皈依佛、皈依法、皈依僧。三说

◎我某甲，皈依佛竟、皈依法竟、皈依僧竟。三结

前三说时，已得皈依善法。后三结者，重更叮咛令不忘失也。

忏悔文及发愿回向文，由授者酌定之。但发愿回向，应有以此功德，回向众生，同生西方，齐成佛道之意。万不可唯求自利也。

第三章　授三皈之利益

经律论中，赞叹皈依三宝功德之文甚多。今略举四则。《灌顶经》云：受三皈者，有三十六善神，与其无量诸眷属，守护其人

令其安乐。《善生经》云：若人受三皈，所得果报，不可穷尽。如四大宝藏（四宝者：金、银、琉璃、玻璃），举国人民，七年之中，运出不尽。受三皈者，其福过彼，不可称计。《较量功德经》云：若三千大千世界，满中如来，如稻麻竹苇。若人四事供养（饮食、衣服、卧具、汤药。），满二万岁，诸佛灭后，各起宝塔，复以香花供养，其福甚多，不如有人以清净心，皈依佛法僧三宝所得功德。《大集经》云：妊娠女人，恐胎不安，先授三皈已，儿无加害；乃至生已，身心具足，善神拥护。是母受兼资于子也。

第四章　结语

在本寺正式讲律，至今日圆满。今日所以聚集缁素诸众，讲三皈大意者，一以备诸师参考，俾他日为人授三皈时，知其简要之方法也。一以教诸在家人，令彼等了知三皈之大意，俾已受者，能了此意，应深自庆幸。其未受者，先能了知此意，且为他日依师受三皈之基础也。

癸酉五月在万寿岩讲

敬三宝

三宝者，佛、法、僧也。其义甚广，今唯举其少分之义耳。

今言佛者，且约佛像而言，如木石等所雕塑及纸画者也。

今言法者，且约经律论等书册而言，或印刷或书写也。

今言僧者，且约当世凡夫僧而言，因菩萨罗汉等附入敬佛门也。

第一　敬佛（略举常人所应注意者数条）

礼佛时宜洗手漱口，至诚恭敬，缓缓而拜，不可急忙，宁可少拜，不可草率。佛几清洁，供香端直，供佛之物，以烹调精美人所能食者为宜。今多以食物之原料及罐头而供佛者殊为不敬，蕅益大师大悲咒行法中曾痛斥之。又供佛宜在午前，不宜过午也。供水果亦宜午前。供水宜捧奉式。供花，花瓶水宜常换。

纸画之佛像，不可仅以绫裱，恐染蝇粪等秽物也（少蝇者或可）。宜装入玻璃镜中。

木石等雕塑者，小者应入玻璃龛中，大者应作宝盖罩之，并须常拂拭像上之尘土。

凡大殿及供佛之室中，皆不宜踞坐笑谈。如对于国王大臣乃至宾客之前尚应恭敬，慎护威仪，何况对佛像耶！不可佛前晒衣服，宜偏侧。不得在殿前用夜壶水浇花。若卧室中供佛像者，眠时应以净布遮障。

第二 敬法（略举常人所应注意者数条）

读经之时，必须洗手漱口拭几，衣服整齐，威仪严肃，与礼佛时无异。蕅益大师云：展卷如对活佛，收卷如在目前，千遍万遍，寤寐不忘，如是乃能获读经之实益也。

对于经典应十分恭敬护持，万不可令其污损。又翻篇时宜以指腹轻轻翻之，不可以指爪划，又不应折角，若欲记志，以纸片夹入可也。

若经典残缺者亦不可烧。卧室中几上置经典者，眠时应以净布盖之。

附每日诵经时仪式：

礼佛——多少不拘。

赞佛——经偈或"天上天下无如佛"等，"阿弥陀佛身金色"等。"炉香乍热"不是佛赞。

供养——愿此香华云等。

大方廣佛華嚴經光明覺品

不惜捨身命　常護諸佛法

無我心調柔　能得如来道

戊辰十一月　大迴向院守月謹

南無阿彌陀佛

《南无阿弥陀佛》 | 篆书

读经——

回向——不拘，或用"我此普贤殊胜行"等。

第三　敬僧（略举常人所应注意者数条）

凡剃发披袈裟者，皆是释迦佛子，在家人见之，应一例生恭敬心；不可分别持戒破戒。

若皈依三宝时，礼一出家人为师而作证明者，不可妄云皈依某人。因所皈依者为僧，非皈依某一人，应于一切僧众，若贤若愚，生平等心，至诚恭敬，尊之为师，自称弟子。则与皈依僧伽之义，乃符合矣。

供养僧者亦尔。不可专供有德者，应于一切僧生平等心，普遍供之，乃可获极大之功德也。专赠一人功德小，供众者功德大。

出家人若有过失，在家人闻之，万不可轻言。此为佛所痛诫者，最宜慎之。

以上已略言敬三宝义竟。兹附有告者，厦门泉州神庙甚多，在家人敬神，每用猪鸡等物。岂知神皆好善而恶杀，今杀猪鸡等物而供神，神不受享，又安能降福而消灾耶。唯愿自今以后，痛革此种习惯，凡敬神时，亦一例改用素食，则至善矣。

癸酉闰五月五日在泉州大开元寺讲

青年佛徒应注意的四项

养正院从开办到现在，已是一年多了。外面的名誉很好，这因为由瑞金法师主办，又得各位法师热心爱护，所以能有这样的成绩。

我这次到厦门，得来到这里参观，心里非常欢喜。各方面的布置都很完美，就是地上也扫得干干净净的，这样，在别的地方，很不容易看到。

我在泉州草庵大病的时候，承诸位写一封信来——各人都签了名，慰问我的病状；并且又承诸位念佛七天，代我忏悔，还有像这样别的事，都使我感激万分！

再过几个月，我就要到鼓浪屿日光岩去方便闭关了。时期大约颇长久，怕不能时时会面，所以特地发心来和诸位叙谈叙谈。

今天所要和诸位谈的，共有四项：一是惜福，二是习劳，三是持戒，四是自尊，都是青年佛徒应该注意的。

一、惜福

"惜"是爱惜，"福"是福气。就是我们纵有福气，也要加以爱惜，切不可把它浪费。诸位要晓得：末法时代，人的福气是很微薄的；若不爱惜，将这很薄的福享尽了，就要受莫大的痛苦，古人所说"乐极生悲"，就是这意思啊！我记得从前小孩子的时候，我父亲请人写了一副大对联，是清朝刘文定公的句子，高高地挂在大厅的抱柱上，上联是"惜食，惜衣，非为惜财缘惜福"。我的哥哥时常教我念这句子，我念熟了，以后凡是临到穿衣或是饮食的当儿，我都十分注意，就是一粒米饭，也不敢随意糟掉；而且我母亲也常常教我，身上所穿的衣服当时时小心，不可损坏或污染。这因为母亲和哥哥怕我不爱惜衣食，损失福报以致短命而死，所以常常这样叮嘱着。

诸位可晓得，我五岁的时候，父亲就不在世了！七岁我练习写字，拿整张的纸瞎写；一点不知爱惜，我母亲看到，就正颜厉色地说："孩子！你要知道呀！你父亲在世时，莫说这样大的整张的纸不肯糟蹋，就连寸把长的纸条，也不肯随便丢掉哩！"母亲这话，也是惜福的意思啊！

我因为有这样的家庭教育，深深地印在脑里，后来年纪大了，也没一时不爱惜衣食；就是出家以后，一直到现在，也还保守着这样的习惯。诸位请看我脚上穿的一双黄鞋子，还是一九二〇年在杭州时候，一位打念佛七的出家人送给我的。又诸位有空，可以到我房间里来看看，我的棉被面子，还是出家以前所用的；又有一把洋伞，也是一九一一年买的。这些东西，即使有破烂的地方，请人用针线缝缝，仍旧同新的一样了。简直可尽我形寿受用着哩！不过，我所穿的小衫裤和罗汉草鞋一类的东西，却须五六年一换，除此以外，一切衣物，大都是在家时候或是初出家时候制的。

从前常有人送我好的衣服或别的珍贵之物，但我大半都转送别人。因为我知道我的福薄，好的东西是没有胆量受用的。又如吃东西，只生病时候吃一些好的，除此以外，从不敢随便乱买好的东西吃。

惜福并不是我一个人的主张，就是净土宗大德印光老法师也是这样，有人送他白木耳等补品，他自己总不愿意吃，转送到观宗寺去供养谛闲法师。别人问他："法师！你为什么不吃好的补品？"他说："我福气很薄，不堪消受。"

他老人家——印光法师，性情刚直，平常对人只问理之当不当，情面是不顾的。前几年有一位皈依弟子，是鼓浪屿有名的居士，去看望他，和他一道吃饭，这位居士先吃好，老法师见他碗里剩落了一两粒米饭；于是就很不客气地大声呵斥道："你有多大福气，可以这样随便糟蹋饭粒！你得把它吃光！"

诸位！以上所说的话，句句都要牢记！要晓得：我们即使有十分福气，也只好享受三分，所余的可以留到以后去享受；诸位或者能发大心，愿以我的福气，布施一切众生，共同享受，那更好了。

二、习劳

"习"是练习，"劳"是劳动。现在讲讲习劳的事情：

诸位请看看自己的身体，上有两手，下有两脚，这原为劳动而生的。若不将他运用习劳，不但有负两手两脚，就是对于身体也一定有害无益的。换句话说：若常常劳动，身体必定康健。而且我们要晓得：劳动原是人类本分上的事，不唯我们寻常出家人要练习劳动，即使到了佛的地位，也要常常劳动才行，现在我且讲讲佛的劳动的故事。

印光法师像及其手迹

印光法师是我国近代高僧，陕西合阳人，一生淡泊名利，专弘净土法门，著述甚丰。他是弘一法师深为敬仰的高僧，对弘一法师以书法弘扬佛法有深刻启示。

　　所谓佛，就是释迦牟尼佛。在平常人想起来，佛在世时，总以为同现在的方丈和尚一样，有衣钵师、侍者师常常侍候着，佛自己不必做什么；但是不然，有一天，佛看到地下不很清洁，自己就拿起扫帚来扫地，许多大弟子见了，也过来帮扫，不一时，把地扫得十分清洁。佛看了欢喜，随即到讲堂里去说法，说道："若人扫地，能得五种功德……"

　　又有一个时候，佛和阿难出外游行，在路上碰到一个喝醉了酒的弟子，已醉得不省人事了；佛就命阿难抬脚，自己抬头，一直抬到井边，用桶吸水，叫阿难把他洗濯干净。

　　有一天，佛看到门前木头做的横楣坏了，自己动手去修补。

　　有一次，一个弟子生了病，没有人照应，佛就问他说："你生了病，为什么没人照应你？"那弟子说："从前人家有病，我不曾发心去照应他；现在我有病，所以人家也不来照应我了。"佛听了这话，就说："人家不来照应你，就由我来照应你吧！"

　　就将那病弟子大小便种种污秽，洗濯得干干净净；并且还将他的床铺，理得清清楚楚，然后扶他上床。由此可见，佛是怎样的习劳了。佛决不像现在的人，凡事都要人家服劳，自己坐着享福。这些事实，出于经律，并不是凭空说说的。

　　现在我再说两桩事情，给大家听听：《阿弥陀经》中载着的一位大弟子——阿楼陀，他双目失明，不能料理自己，佛就替他裁衣服，还叫别的弟子一道帮着做。

　　有一次，佛看到一位老年比丘眼睛花了，要穿针缝衣，无奈眼睛看不清楚，嘴里叫着："谁能替我穿针呀！"

　　佛听了立刻答应说："我来替你穿。"

《尊者阿难》｜清代｜丁观鹏｜《法界源流图》局部

　以上所举的例，都足证明佛是常常劳动的。我盼望诸位，也当以佛为模范，凡事自己动手去做，不可依赖别人。

三、持戒

　"持戒"二字的意义，我想诸位总是明白的吧！我们不说修到菩萨或佛的地位，就是想来生再做人，最低的限度，也要能持五戒。可惜现在受戒的人虽多，只是挂个名而已，切切实实能持戒的却很少。要知道：受戒之后，若不持戒，所犯的罪，比不受戒的人要加倍的大，所以我时常劝人不要随便受戒。至于现在一般传戒的情形，看了真痛心，我实在说也不忍说了！我想最好还是随自己的力量去受戒，万不可敷衍门面，自寻苦恼。

　戒中最重要的，不用说是杀、盗、淫、妄，此外还有饮酒、食肉，也易惹人讥嫌。至于吃烟，在律中虽无明文，但在我国习惯上，也很容易受人讥嫌的，总以不吃为是。

四、自尊

　"尊"是尊重，"自尊"就是自己尊重自己，可是人都喜欢人家尊重我，而不知我自己尊重自己；不知道要想人家尊重自己，必须从我自己尊重自己做起。怎样尊重自己呢？就是自己时时想着：我当做一个伟大的人，做一个了不起的人。比如我们想做一位清净的高僧吧，就拿高僧传来读，看他们怎样行，我也怎样行，所谓："彼既丈夫我亦尔。"又比方我想将来做一位大菩萨，那么，就当

《佛》｜弘一法师

依经中所载的菩萨行，随力行去。这就是自尊。但自尊与贡高不同；贡高是妄自尊大，目空一切的胡乱行为；自尊是自己增进自己的德业，其中并没有一丝一毫看不起人的意思的。

诸位万万不可以为自己是一个小孩子，是一个小和尚，一切不妨随便些，也不可说我是一个平常的出家人，哪里敢希望做高僧做大菩萨。凡事全在自己做去，能有高尚的志向，没有做不到的。

诸位如果作这样想：我是不敢希望做高僧、做大菩萨的，那做事就随随便便，甚至自暴自弃，走到堕落的路上去了，那不是很危险的么？诸位应当知道：年纪虽然小，志气却不可不高啊！

我还有一句话，要向大家说，我们现在依佛出家，所处的地位是非常尊贵的，就以剃发、披袈裟的形式而论，也是人天师表，国王和诸天人来礼拜，我们都可端坐而受。你们知道这道理么？自今以后，就当尊重自己，万万不可随便了。

以上四项，是出家人最当注意的，别的我也不多说了。我不久就要闭关，不能和诸位时常在一块儿谈话，这是很抱歉的。但我还想在关内讲讲律，每星期约讲三四次，诸位碰到例假，不妨来听听！今天得和诸位见面，我非常高兴。我只希望诸位把我所讲的四项，牢记在心，作为永久的纪念！时间讲得很久了，费诸位的神，抱歉！抱歉！

丙子正月开学日在南普陀寺佛教养正院讲

改习惯

吾人因多生以来之夙习，及以今生自幼所受环境之熏染，而自然现于身口者，名曰习惯。

习惯有善有不善，今且言其不善者。常人对于不善之习惯，而略称之曰习惯。今依俗语而标题也。

在家人之教育，以矫正习惯为主。出家人亦尔。但近世出家人，唯尚谈玄说妙。于自己微细之习惯，固置之不问。即自己一言一动，极粗显易知之习惯，亦罕有加以注意者。可痛叹也。

余于三十岁时，即觉知自己恶习惯太重，颇思尽力对治。出家以来，恒战战兢兢，不敢任情适意。但自愧恶习太重，二十年来，所矫正者百无一二。自今以后，愿努力痛改。更愿有缘诸道侣，亦皆奋袂兴起，同致力于此也。

吾人之习惯甚多。今欲改正，宜依如何之方法耶？若胪列多条，而一时改正，则心劳而效少，以余经验言之，宜先举一条乃至三四条，逐日努力检点，既已改正，后再逐渐增加可耳。

今春以来，有道侣数人，与余同研律学，颇注意于改正习惯。数月以来，稍有成效，今愿述其往事，以告诸公。但诸公欲自改其习惯，不必尽依此数条，尽可随宜酌定。余今所述者，特为诸公作参考耳。

学律诸道侣，已改正习惯，有七条。

一、食不言。现时中等以上各寺院，皆有此制，故改正甚易。

二、不非时食。初讲律时，即由大众自己发心，同持此戒。后来学者亦尔。遂成定例。

三、衣服朴素整齐。或有旧制，色质未能合宜者，暂作内衣，外罩如法之服。

四、别修礼诵等课程。每日除听讲、研究、抄写及随寺众课诵外，皆别自立礼诵等课程，尽力行之。或有每晨于佛前跪读《法华经》者，或有读《华严经》者，或有读《金刚经》者，或每日念佛一万以上者。

五、不闲谈。出家人每喜聚众闲谈，虚丧光阴，废弛道业，可悲可痛！今诸道侣，已能渐除此习。每于食后，或傍晚休息之时，皆于树下檐边，或经行，或端坐，若默诵佛号，若朗读经文，若默然摄念。

六、不阅报。各地日报，社会新闻栏中，关于杀盗淫妄等事，记载最详。而淫欲诸事，尤描摹尽致。虽无淫欲之人，常阅报纸，亦必受其熏染，此为现代世俗教育家所痛慨者。故学律诸道侣，近已自己发心不阅报纸。

七、常劳动。出家人性多懒惰，不喜劳动。今学律诸道侣，皆已发心，每日扫除大殿及僧房檐下，并奋力做其他种种劳动之事。

以上已改正之习惯，共有七条。

尚有近来特实行改正之二条，亦附列于下：

一、食碗所剩饭粒。印光法师最不喜此事。若见剩饭粒者，即当面痛呵斥之。所谓施主一粒米，恩重大如山也。但若烂粥烂

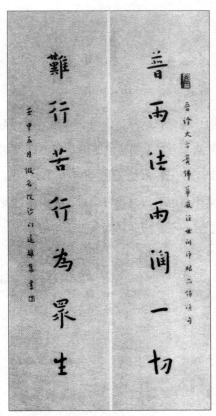

《华严经》七言联 | 弘一法师

面留滞碗上，不易除去者，则非此限。

二、坐时注意威仪。垂足坐时，双腿平列。不宜左右互相翘架，更不宜耸立或直伸。余于在家时，已改此习惯。且现代出家人普通之威仪，亦不许如此。想此习惯不难改正也。

总之，学律诸道侣，改正习惯时，皆由自己发心。决无人出命令而禁止之也。

癸酉在泉州承天寺讲

改过经验谈

今值旧历新年，请观厦门全市之中，新气象充满，门户贴新春联，人多着新衣，口言恭贺新喜、新年大吉等。我等素信佛法之人，当此万象更新时，亦应一新乃可。我等所谓新者何，亦如常人贴新春联、着新衣等以为新乎？曰：不然。我等所谓新者，乃是改过自新也。但"改过自新"四字范围太广，若欲演讲，不知从何说起。今且就余五十年来修省改过所实验者，略举数端为诸君言之。

余于讲说之前，有须预陈者，即是以下所引诸书，虽多出于儒书，而实合于佛法。因谈玄说妙修证次第，自以佛书最为详尽。而我等初学之人，持躬敦品、处事接物等法，虽佛书中亦有说者，但儒书所说，尤为明白详尽适于初学。故今多引之，以为吾等学佛法者之一助焉。以下分为总论别示二门。

总论者，即是说明改过之次第：

一、学　须先多读佛书儒书，详知善恶之区别及改过迁善之法。倘因佛儒诸书浩如烟海，无力遍读，而亦难于了解者，可以先读《格言联璧》一部。余自儿时，即读此书。归信佛法以后，亦常常翻阅，甚觉其亲切而有味也。此书佛学书局有排印本甚精。

二、省　既已学矣，即须常常自己省察，所有一言一动，

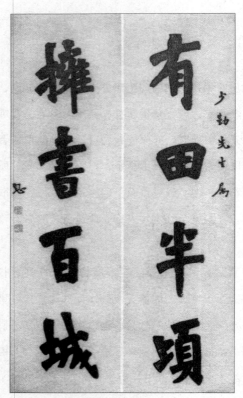

《有田半顷，拥书百城》| 弘一法师

为善欤，为恶欤？若为恶者，即当痛改。除时时注意改过之外，又于每日临睡时，再将一日所行之事，详细思之。能每日写录日记，尤善。

三、改 省察以后，若知是过，即力改之。诸君应知改过之事，乃是十分光明磊落，足以表示伟大之人格。故子贡云："君子之过也，如日月之食焉；过也人皆见之，更也人皆仰之。"又古人云："过而能知，可以谓明。知而能改，可以即圣。"诸君可不勉乎！

别示者，即是分别说明余五十年来改过迁善之事。但其事甚多，不可胜举。今且举十条为常人所不甚注意者，先与诸君言之。华严经中皆用十之数目，乃是用十以表示无尽之意。今余说改过之事，仅举十条，亦尔；正以示余之过失甚多，实无尽也。此次讲说时间甚短，每条之中仅略明大意，未能详言，若欲知者，且俟他日面谈耳。

一、虚心 常人不解善恶，不畏因果，绝不承认自己有过，更何论改？但古圣贤则不然。今举数例：孔子曰："五十以学易，可以无大过矣。"又曰："闻义不能徙，不善不能改，是吾忧也。"蘧伯玉为当时之贤人，彼使人于孔子。孔子与之坐而问焉，曰："夫子何为？"对曰："夫子欲寡其过而未能也。"圣贤尚如此虚心，我等可以贡高自满乎！

二、慎独 吾等凡有所作所为，起念动心，佛菩萨乃至诸鬼神等，无不尽知尽见。若时时作如是想，自不敢胡作非为。曾子曰："十目所视，十手所指，其严乎！"又引诗云："战战兢兢，如临深渊，如履薄冰。"此数语为余所常常忆念不忘者也。

三、宽厚　造物所忌，曰刻曰巧。圣贤处事，惟宽惟厚。古训甚多，今不详录。

四、吃亏　古人云："我不识何等为君子，但看每事肯吃亏的便是。我不识何等为小人，但看每事好便宜的便是。"古时有贤人某临终，子孙请遗训，贤人曰："无他言，尔等只要学吃亏。"

五、寡言　此事最为紧要。孔子云："驷不及舌。"可畏哉！古训甚多，今不详录。

六、不说人过　古人云："时时检点自己且不暇，岂有功夫检点他人。"孔子亦云："躬自厚而薄责于人。"以上数语，余常不敢忘。

七、不文己过　子夏曰："小人之过也必文。"我众须知文过乃是最可耻之事。

八、不覆己过　我等倘有得罪他人之处，即须发大惭愧，生大恐惧。发露陈谢，忏悔前愆。万不可顾惜体面，隐忍不言，自诳自欺。

九、闻谤不辩　古人云："何以息谤？曰：无辩。"又云："吃得小亏，则不至于吃大亏。"余三十年来屡次经验，深信此数语真实不虚。

十、不嗔　嗔习最不易除。古贤云："二十年治一怒字，尚未消磨得尽。"但我等亦不可不尽力对治也。《华严经》云："一念嗔心，能开百万障门。"可不畏哉！

因限于时间，以上所言者殊略，但亦可知改过之大意。最后，余尚有数言，愿为诸君陈者：改过之事，言之似易，行之甚难。故有屡改而屡犯，自己未能强作主宰者，实由无始宿业所致

《除怨报观世音》｜清代｜黎明｜《法界源流图》局部

也。务请诸君更须常常持诵阿弥陀佛名号，观世音地藏诸大菩萨名号，至诚至敬，恳切忏悔无始宿业，冥冥中自有不可思议之感应。承佛菩萨慈力加被，业消智朗，则改过自新之事，庶几可以圆满成就，现生优入圣贤之域，命终往生极乐之邦，此可为诸君预贺者也。

常人于新年时，彼此晤面，皆云恭喜，所以贺其将得名利。余此次于新年时，与诸君晤面，亦云恭喜，所以贺诸君将能真实改过不久将为贤为圣；不久决定往生极乐，速成佛道，分身十方，普能利益一切众生耳。

癸酉正月在厦门妙释寺讲

佛法学习初步

佛法宗派大概，前已略说。

或谓高深教义，难解难行，非利根上智不能承受。若我辈常人欲学习佛法者，未知有何法门，能使人人易解，人人易行，毫无困难，速获实益耶？

案佛法宽广，有浅有深。故古代诸师，皆判"教相"以区别之。依唐圭峰禅师所撰华严原人论中，判立五教：

一、人天教

二、小乘教

三、大乘法相教

四、大乘破相教

五、一乘显性教

以此五教，分别浅深。若我辈常人易解易行者，唯有"人天教"也。其他四教，义理高深，甚难了解。即能了解，亦难实行。故欲普及社会，又可补助世法，以挽救世道人心，应以"人天教"最为合宜也。

人天教由何而立耶？

常人醉生梦死，谓富贵贫贱吉凶祸福皆由命定，不解因果报应。或有解因果报应者，亦唯知今生之现报而已。若如是者，现生有恶人富而善人贫，恶人寿而善人夭，恶人多子孙而善人绝嗣，是何故欤？因是佛为此辈人，说三世业报，善恶因果，即是人天教也。今就三世业报及善恶因果分为二章详述之。

一、三世业报

三世业报者，现报、生报、后报也。

（一）现报：今生作善恶，今生受报。

（二）生报：今生作善恶，次一生受报。

（三）后报：今生作善恶，次二三生乃至未来多生受报。

由是而观，则恶人富、善人贫等，决不足怪。吾人唯应力行善业，即使今生不获良好之果报，来生再来生等必能得之。万勿因行善而反遇逆境，遂妄谓行善无有果报也。

二、善恶因果

善恶因果者，恶业、善业、不动业此三者是其因，果报有六，即六道也。

恶业善业，其数甚多，约而言之，各有十种，如下所述。不动业者，即修习上品十善，复能深修禅定也。

今以三因六果列表如下：

（一）恶业　　　上品 …………………地狱

　　　　　　　　中品 …………………畜生

　　　　　　　　下品 …………………鬼

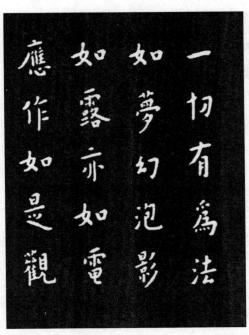

《金刚经》摘句 | 弘一法师

（二）善业　　　下品 ……………阿修罗

　　　　　　　　中品 ………………人

　　　　　　　　上品 ……………欲界天

（三）不动业　　次品 ……………色界天

　　　　　　　　上品 …………无色界天

今复举恶业、善业别述如下：

恶业有十种。

（一）杀生

（二）偷盗

（三）邪淫

（四）妄言

（五）两舌

（六）恶口

（七）绮语

（八）悭贪

（九）嗔恚

（十）邪见

造恶业者，因其造业重轻，而堕地狱、畜生、鬼道之中。受报既尽，幸生人中，犹有余报。今依《华严经》所载者，录之如下。若诸"论"中，尚列外境多种，今不别录。

（一）杀生……短命、多病

（二）偷盗……贫穷、其财不得自在

（三）邪淫……妻不贞良、不得随意眷属

（四）妄言……多被诽谤、为他所诳

（五）两舌……眷属乖离、亲族弊恶

（六）恶口……常闻恶声、言多诤讼

（七）绮语……言无人受、语不明了

（八）悭贪……心不知足、多欲无厌

（九）嗔恚……常被他人求其长短、恒被于他之所恼害

（十）邪见……生邪见家、其心谄曲

善业有十种。下列不杀生等，止恶即名为善。复依此而起十种行善，即救护生命等也。

（一）不杀生：救护生命

（二）不偷盗：给施资财

（三）不邪淫：遵修梵行

（四）不妄言：说诚实言

（五）不两舌：和合彼此

（六）不恶口：善言安慰

（七）不绮语：作利益语

（八）不悭贪：常怀舍心

（九）不嗔恚：恒生慈悯

（十）不邪见：正信因果

造善业者，因其造业轻重而生于阿修罗人道欲界天中。所感之余报，与上所列恶业之余报相反。如不杀生则长寿无病等类推可知。

由是观之，吾人欲得诸事顺遂，身心安乐之果报者，应先力修善业，以种善因。若唯一心求好果报，而决不肯种少许善因，是为大误。譬如农夫，欲得米谷，而不种田，人皆知其为愚也。

弘一法师刺血而书《庄敬》，旨在悼念亡母。

《庄敬》｜弘一法师

故吾人欲诸事顺遂，身心安乐者，须努力培植善因。将来或迟或早，必得良好之果报。古人云："祸福无不自己求之者"，即是此意也。

以上所说，乃人天教之大义。

唯修人天教者，虽较易行，然报限人天，非是出世。故古今诸大善知识，尽力提倡"净土法门"，即前所说之佛法宗派大概中之"净土宗"。令无论习何教者，皆兼学此"净土法门"，即能获得最大之利益。"净土法门"虽随宜判为"一乘圆教"，但深者见深，浅者见浅，即唯修人天教者亦可兼学，所谓"三根普被"也。

在此讲说三日已竟。以此功德，唯愿世界安宁，众生欢乐，佛日增辉，法轮常转。

戊寅十月八日在晋江安海金墩宗祠讲

佛教之简易修持法

我到永春的因缘，最初发起，在三年之前。性愿老法师常常劝我到此地来，又常提起普济寺是如何如何的好。

两年以前的春天，我在南普陀寺讲律圆满以后，妙慧师便到厦门请我到此地来。那时因为学律的人要随行的太多，而普济寺中设备未广，不能够收容，不得已而中止。是为第一次欲来未果。

是年的冬天，有位善兴师，他持着永春诸善友一张请帖，到厦门万石岩去，要接我来永春。那是因为已先应了泉州草庵之请，故不能来永春。是为第二次欲来未果。

去年的冬天，妙慧师再到草庵来接。本想随请前来，不意过泉州时，又承诸善友挽留，不得已而延期至今春。是为第三次欲来未果。

直至今年半个月以前，妙慧师又到泉州劝请，是为第四次。因大众既然有如此的盛意，故不得不来。其时在泉州各地讲经，很是忙碌，因此又延搁了半个多月。今得来到贵处，和诸位善友相见，我心中非常的欢喜。自三年前就想到此地来，屡次受了事情所阻，现在得来，满其多年的夙愿，更可说是十分的欢喜了。

今天承诸位善友请我演讲。我以为谈玄说妙，虽然极为高尚，但于现在行持终觉了不相涉。所以今天我所讲的，且就常人

《华严经》集句五言联 ┃ 弘一法师

此联文字是：「自性真清净，诸法无去来。」这是典型的「弘一体」书法，看似孩童所书，其沉静清逸，非功力深厚者不能为。

现在即能实行的，约略说之。

因为专尚谈玄说妙，譬如那饥饿的人，来研究食谱，虽山珍海错之名，纵横满纸，如何能够充饥。倒不如现在得到几种普通的食品，即可入口。得充一饱，才于实事有济。

以下所讲的，分为三段。

一、深信因果

因果之法，虽为佛法入门的初步，但是非常的重要，无论何人皆须深信。何谓因果？因者好比种子，下在田中，将来可以长成为果实。果者譬如果实，自种子发芽，渐渐地开花结果。

我们一生所作所为，有善有恶，将来报应不出下列：

桃李种　长成为桃李——作善报善

荆棘种　长成为荆棘——作恶报恶

所以我们要避凶得吉，消灾得福，必须要厚植善因，努力改过迁善，将来才能够获得吉祥福德之好果。如果常作恶因，而要想免除凶祸灾难，哪里能够得到呢？

所以第一要劝大众深信因果了知善恶报应，一丝一毫也不会差的。

二、发菩提心

"菩提"二字是印度的梵语，翻译为"觉"，也就是成佛的意思。发者，是发起，故发菩提心者，便是发起成佛的心。为什么要成佛呢？为利益一切众生。须如何修持乃能成佛呢？须广修一切善行。以上所说的，要广修一切善行，利益一切众生，但须如何才能够彻底呢？须不着我相。所以发菩提心的人，应发以下之三种心：

（一）大智心：不着我相　此心虽非凡夫所能发，亦应随分观察。

（二）大愿心：广修善行

（三）大悲心：救众生苦

又发菩提心者，须发以下所记之四弘誓愿：

（一）众生无边誓愿度：菩提心以大悲为体，所以先说度生。

（二）烦恼无尽誓愿断：愿一切众生，皆能断无尽之烦恼。

（三）法门无量誓愿学：愿一切众生，皆能学无量之法门。

（四）佛道无上誓愿成：愿一切众生，皆能成无上之佛道。

或疑烦恼以下之三愿，皆为我而发，如何说是愿一切众生？这里有两种解释：一就浅来说，我也就是众生中的一人，现在所说的众生，我也在其内。再进一步言，真发菩提心的，必须彻悟法性平等，决不见我与众生有什么差别，如是才能够真实和菩提心相应。所以现在发愿，说愿一切众生，有何妨耶！

三、专修净土

既然已经发了菩提心，就应该努力地修持。但是佛所说的法门很多，深浅难易，种种不同。若修持的法门与根器不相契合的，用力多而收效少。倘与根器相契合的，用力少而收效多。在

『代苦』，意为『代众生受苦受罪』。图中的小字引注是《华严经》的相关经文。

《代苦》｜弘一法师

这末法之时，大多数众生的根器，和哪一种法门最相契合呢？说起来只有净土宗。因为泛泛修其他法门的，在这五浊恶世，无佛应现之时，很是困难。若果专修净土法门，则依佛大慈大悲之力，往生极乐世界，见佛闻法，速证菩提，比较容易得多。所以龙树菩萨曾说，前为难行道，后为易行道，前如陆路步行，后如水道乘船。

关于净土法门的书籍，可以首先阅览者，《初机净业指南》、《印光法师嘉言录》、《印光法师文钞》等。依此就可略知净土法门的门径。

近几个月以来，我在泉州各地方讲经，身体和精神都非常地疲劳。这次到贵处来，匆促演讲，不及预备，所以本说的未能详尽。希望大众原谅。

己卯四月十六日在永春桃源殿讲

药师法门修持课仪略录

药师如来法门大略，如大药师寺已印行之《药师如来法门略录》所载。

今所述者，为吾人平常修持简单之课仪。若正式供养法，乃至以五色缕结药叉神将名字法等，将来拟别辑一卷专载其事，今不述及。

欲修持药师如来法门者，应供药师如来像。上海佛学书局有石印彩色之像，可以供奉，宜装入玻璃镜中。供像之处，不可在卧室。若不得已，在卧室中供奉者，睡眠之时，宜以净布覆盖像上。

药师经，供于几上。不读诵时，宜以净布覆盖。

供佛像之室内，须十分洁净，每日宜扫地，并常常拂拭几案。

供佛之香，须择上等有香气者。

供佛之花，须择开放圆满者，若稍残萎，即除去。花瓶之水，宜每日更换。若无鲜花时，可用纸制者代之。

此外如供净水供食物等，随各人意。但所供食物，须人可食者乃供之，若未熟之水果及未烹调之蔬菜等皆不可供。

以上所举之供物，应于礼佛之前预先供好。凡在佛前供物或礼佛时，必须先洗手漱口。

此外如能悬幡燃灯尤善，无者亦可。

以下略述修持课仪，分为七门。其中礼敬赞叹供养回向发愿，必须行之。诵经持名持咒，可随己意，或唯修二法，或仅修一法，皆可。

一、礼敬

十方三宝一拜，或分礼佛法僧三拜。本师释迦牟尼佛一拜。药师琉璃光如来三拜。此外若欲多拜，或兼礼敬其他佛菩萨者，随己意增加。

礼敬之时，须至诚恭敬，缓缓拜起。万不可匆忙。宁可少拜，不可草率。

二、赞叹

礼敬既毕，于佛前长跪合掌，唱赞偈云：

归命满月界净妙琉璃尊

法药救人天因中十二愿

慈悲弘誓广愿度诸含生

《如来睡像》| 黄泽

我今申赞扬志心头面礼

上赞偈出药师如来消灾除难念诵仪轨。

唱赞之时，声宜迟缓，宜庄重。

三、供养

赞叹既毕，于佛前长跪合掌，唱供养偈云：

愿此香花云遍满十方界

——诸佛土无量香庄严

具足菩萨道成就如来香

供养毕，或随己意增诵忏悔文，或可略之。

四、诵经

字音不可讹误，宜详考之。

诵经时，或跪或立或坐或经行皆可。

五、持名

先唱赞偈云：

药师如来琉璃光焰网庄严无等伦

无边行愿利有情各遂所求皆不退

续云，南无东方净琉璃世界药师琉璃光如来。以后即持念药师琉璃光如来名号一百八遍。若欲多念者，随意。

六、持咒

或据经中译音持念，或别依师学梵文原音持念，皆可。

或念全咒一百八遍。或先念全咒七遍，继念心咒一百八遍，后复念全咒七遍。心咒者，即是咒中唵字以下之文。

未经密宗阿阇黎传授，不可结手印。擅结者，有大罪。

持咒时，不宜大声，唯令自己耳中得闻。

持咒时，以坐为正式，或经行亦可。

七、回向发愿

回向与发愿大同，故今并举。其稍异者，回向须先修功德，再以此功德回向，唯愿如何云云。若先未作功德者，仅可云发愿也。

回向发愿，为修持者最切要之事。若不回向，则前所修之功德，无所归趣。今修持药师如来法门者，回向之愿，各随己意。凡药师经中所载者，皆可发之，应详阅经文，自适其宜可耳。

以上所述之修持课仪，每日行一次或二次三次。必须至心诚恳，未可潦草塞责。印光老法师云：有一分恭敬，得一分利益，有十分恭敬，得十分利益。吾人修持药师如来法门者，应深味斯言，以自求多福也。

己卯二月在泉州光明寺讲

为性常法师掩关笔示法则

古人掩关皆为专修禅定或念佛，若研究三藏则不限定掩关也。仁者此次掩关，实为难得之机会。应于每日时间，以三分之二专念佛育经(或默阅，但不可生分别心)，以三分之一时间温习戒本羯磨及习世间文字。因机会难可再得，不于此时专心念佛，以后恐无此胜缘。至于研究等事，在掩关时虽无甚成绩，将来出关后，尽可缓缓研究也。念佛一事，万不可看得容易，平日学教之人，若令息心念佛，实第一困难之事，但亦不得不勉强而行也。此事至要至要，万不可轻忽。诵经之事可以如常。又每日须拜佛若干拜，既有功德，亦可运动身体也。念佛时亦宜数数经行，因关中运动太少，食物宜消化，故宜礼拜经行也。念佛之事，一人甚难行，宜与义俊法师协定课程，二人同时行之，可以互相策励，不致懈怠中止也。

课程大致如下：

早粥前念佛，出声或默念随意。

早粥后稍休息。礼佛诵经。九时至十一时研究。午饭后休息。二时至四时研究。(研究时间，每日以四小时为限，不可多。)四时半起礼佛诵经。黄昏后专念佛。晚间可以不点灯，唯佛前供琉璃灯可耳。

《性常法师与弘一法师合影》 | 一九三九年 | 泉州

三年之中，可与义俊法师讲戒本及表记羯磨六遍。每半年讲一遍。自己既能温习，亦能令他人得益。昔南山律祖，尚听律十二遍未尝厌倦，何况吾等钝根之人耶？戒本羯磨能十分明了，日记忆不忘，将来出关之后，再学行事钞等非难事矣。世俗文字略学四书及历史等。学生字典宜学全部，但若鲜暇，不妨缺略，因此等事，出关之后仍可学习也。若念佛等，出关之后，恐难继续，唯在关中，能专心也。又在闭关时宜注意者如下：

不可闲谈，不晤客人，不通信。(有十分要事，写纸条交与护关者。)

凡一切事，尽可俟出关后再料理也，时机难得，光阴可贵，念之！念之！

余既无道德，又乏学问。今见仁者以诚恳之意，谆谆请求，故略据拙见拉杂书此，以备采择。

性常关主慧察。

劝人听钟念佛文

近有人新发明听钟念佛之法，至为奇妙。今略述其方法如下，修净业者，幸试用之；并希以是广为传播焉。

凡座钟挂钟行动之时，若细听之，作叮当叮当之响（叮字响重，当字响轻）。即依此叮当叮当四字，设想作阿弥陀佛四字。或念六字佛者，以第一叮字为"南无"，第一当字为"阿弥"，第二叮字为"陀"，第二当字为"佛"。亦止用叮当叮当四字而成之也。又倘以其转太速，而欲迟缓者。可加一倍，用叮当叮当叮当叮当八字，假想作阿弥陀佛四字，即是每一叮当为一字也。或念六字佛者，以第一叮当为"南无"，第二叮当为"阿弥"，第三叮当为"陀"，第四叮当为"佛"也。绘图如下：

	四字佛				六字佛			
普通念法	叮	当	叮	当	叮	当	叮	当
	|	|	|	|	|	|	|	|
	阿	弥	陀	佛	南无	阿弥	陀	佛
迟缓念法	叮	当	叮	当	叮当 叮当	叮当 叮当	叮当	叮当
	|	|	|	|	|	|	|	|
	阿	弥	陀	佛	南 无	阿 弥	陀	佛

所用之钟，宜择叮当叮当速度调匀者用之。又欲其音响轻微

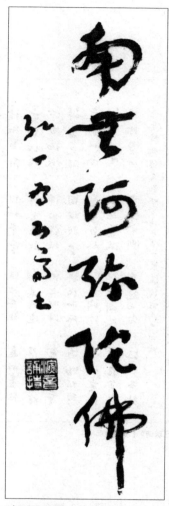

《*南无阿弥陀佛*》｜草书｜弘一法师

念佛三昧诗　工庐山慧

妙用在兹　涉有览无　神由昧彻　识以睇朗

积微自引　曰功本虚　伏彼三观　志此豪馀

安寔行始　履玄通叙　融然忘怀　乃朗灵晖

心遊纲域　详不践拟　因之此冲　会之此希

神安天凝　固睽朝云　与化而成　与物斯群

寔不以方　受吾自分　昀尔开镜　金水豪铄

慨自一生　玩之慧识　乾象其人　凉若其力

思释豪功　右深不测　至起之念　注心西极

右……慧览

于时岁阳……令月第一……録前三日宫始

弘一沙门演音……敬録謹録

《念佛三昧诗》｜弘一法师

者，可以布类覆于其上。（如昼间欲其响大者，将布撤去。夜间欲其音响轻者，将布覆上。）

初学念佛者若不持念珠记数，最易懈怠间断。若以此钟时常随身，倘有间断，一闻钟响，即可警觉也。又在家念佛者，居室附近，不免喧闹，若摄心念佛，殊为不易。今以此钟置于身旁，用耳专听钟响，其他喧闹之声，自可不至扰乱其耳也。又听钟功夫能纯熟者，则叮当叮当之响，即是阿弥陀佛之声。钟响佛声，无二无别。钟响则佛声常现矣。

普陀印光法师《覆永嘉论月律师函》云："凡夫之心，不能无依，而娑婆耳根最利。听自念佛之音亦亲切。但初机未熟，久或昏沉，故听钟念之，最为有益也。"

注：此文原载《世界居士林林刊》第十七期，题上有"论月大师"四字。"论月"即老人别署。老人盛倡此法，而阅者不多，谨录于此。

《阿弥陀佛》｜黄泽

指
点迷津篇

佛法大意

我至贵地，可谓奇巧因缘。本拟住半月返厦。因变，住此，得与诸君相晤，甚可喜。

先略说佛法大意。

佛法以大菩提心为主。菩提心者，即是利益众生之心。故信佛法者，须常抱积极之大悲心，发救济一切众生之大愿，努力做利益众生之种种慈善事业。乃不愧为佛教徒之名称。

若专修净土法门者，尤应先发大菩提心。否则他人谓佛法是消极的、厌世的、送死的。若发此心者，自无此误会。

至于做慈善事业，尤要。既为佛教徒，即应努力做利益社会之种种事业。乃能令他人了解佛教是救世的、积极的。不起误会。

或疑经中常言空义，岂不与前说相反。

今案大菩提心，实具有悲智二义。悲者如前所说。智者不执著我相，故曰空也。即是以无我之伟大精神，而做种种之利生事业。

若解此意，而知常人执著我相而利益众生者，其能力薄、范围小、时不久、不彻底。若欲能力强、范围大、时间久、最彻底者，必须学习佛法，了解悲智之义，如是所做利生事业乃能十分圆满也。故知所谓空者，即是于常人所执著之我见，打破消灭，一扫而空。然后以无我之精神，努力切实做种种之事业。亦犹世间行事，先将不良之习惯等一一推翻，然后良好建设乃得实现也。

今能了解佛法之全系统及其真精神所在，则常人谓佛教是迷信是消极者，固可因此而知其不当。即谓佛教为世界一切宗教中最高尚之宗教，或谓佛法为世界一切哲学中最玄妙之哲学者，亦未为尽理。

因佛法是真能：

说明人生宇宙之所以然。

破除世间一切谬见，而与以正见。破除世间一切迷信，而与以正信。破除世间一切恶行，而与以正行。破除世间一切幻觉，而与以正觉。

包括世间各教各学之长处，而补其不足。

广被一切众生之机，而无所遗漏。

不仅中国，现今如欧美诸国人，正在热烈地研究及提倡。出版之佛教书籍及杂志等甚多。

故望已为佛教徒者，须彻底研究佛法之真理，而努力实行，俾不愧为佛教徒之名。其未信佛法者，亦宜虚心下气，尽力研究，然后于佛法再加以评论。此为余所希望者。

以上略说佛法大意毕。

《寻声救苦观世音》｜清代｜黎明｜《法界源流图》局部

　　又当地信士，因今日为菩萨诞，欲请解释南无观世音菩萨之义。兹以时间无多，唯略说之。

　　南无者，梵语。即皈依义。

　　菩萨者，梵语，为菩提萨埵之省文。菩提者觉，萨埵者众生。因菩萨以智上求佛法，以悲下化众生，故称为菩提萨埵。此以悲智二义解释，与前同也。

　　观世音者，为此菩萨之名。亦可以悲智二义分释。如《楞严经》云：由我观听十方圆明，故观音名遍十方界。约智言也。如《法华经》云：苦恼众生一心称名，菩萨即时观其音声，皆得解脱，以是名观世音。约悲言也。

戊寅年六月十九日在漳州七宝寺讲

佛法宗派大概

关于佛法之种种疑问，前已略加解释。诸君既无所疑惑，思欲着手学习，必须先了解佛法之各种宗派乃可。

原来佛法之目的，是求觉悟本无种种差别。但欲求达到觉悟之目的地以前，必有许多途径。而在此途径上，自不妨有种种宗派之不同也。

佛法在印度古代时，小乘有各种部执，大乘虽亦分"空""有"二派，但未别立许多门户。吾国自东汉以后，除将印度所传来之佛法精神完全承受外，并加以融化光大，于中华民族文化之伟大悠远基础上，更开展中国佛法之许多特色。至隋唐时，便渐成就大小乘各宗分立之势。今且举十宗而略述之。

一、律宗（又名南山宗）

唐终南山道宣律师所立。依《法华》、《涅槃》经义，而释通小乘律，立圆宗戒体。正属出家人所学，亦明在家五戒、八戒义。

唐时盛，南宋后衰，今渐兴。

二、俱舍宗

依《俱舍论》而立。分别小乘名相甚精，为小乘之相宗。欲学大乘法相宗者固应先学此论，即学他宗者亦应以此为根柢，不可以其为小乘而轻忽之也。

陈隋唐时盛弘，后衰。

三、成实宗

依《成实论》而立。为小乘之空宗，微似大乘。

六朝时盛，后衰，唐以后殆罕有学者。

以上二宗，即依二部论典而形成，并由印度传至中土。虽号称宗，然实不过二部论典之传持授受而已。

以上二宗属小乘，以下七宗皆是大乘，律宗则介于大小之间。

四、三论宗（又名性宗，又名空宗）

三论者，即《中论》、《百论》、《十二门论》，是三部论皆依《般若经》而造。姚秦时，龟兹国鸠摩罗什三藏法师来此土弘传。

唐初犹盛，以后衰。

五、法相宗（又名慈恩宗，又名有宗）

此宗所依之经论，为《解深密经》、《瑜伽师地论》等。唐玄奘法师盛弘此宗。又糅合印度十大论师所著之《唯识三十颂之解释》而编纂成《唯识论》十卷，为此宗著名之典籍。此宗最要，无论学何宗者皆应先学此以为根柢也。

唐中叶后衰微，近复兴，学者甚盛。

以上二宗，印度古代有之，即所谓"空""有"二派也。

六、天台宗（又名法华宗）

六朝时此土所立，以《法华经》为正依。至隋智者大师时极盛。其教义，较前二宗为玄妙。

隋唐时盛，至今不衰。

七、华严宗（又名贤首宗）

唐初此土所立，以《华严经》为依。至唐贤首国师时而盛，至清凉国师时而大备。此宗最为广博，在一切经法中称为教海。

宋以后衰，今殆罕有学者，至可惜也。

《达摩大师》｜清代｜黎明｜《法界源流图》局部

《达摩面壁》│黄泽

八、禅宗

梁武帝时，由印度达摩尊者传至此土。斯宗虽不立文字，直明实相之理体。而有时却假用文字上之教化方便，以弘教法。如《金刚》、《楞伽》二经，即是此宗常所依用者也。

唐宋时甚盛，今衰。

九、密宗（又名真言宗）

唐玄宗时，由印度善无畏三藏、金刚智三藏先后传入此土。斯宗以《大日经》、《金刚顶经》、《苏悉地经》三部为正所依。

元后即衰，近年再兴，甚盛。

在大乘各宗中，此宗之教法最为高深，修持最为真切。常人未尝穷研，辄轻肆毁谤，至堪痛叹。余于十数年前，唯阅《密宗仪轨》，亦尝轻致疑议。以后阅《大日经疏》，乃知密宗教义之高深，因痛自忏悔。愿诸君不可先阅《仪轨》，应先习经教，则可无诸疑惑矣。

十、净土宗

始于晋慧远大师，依《无量寿经》、《观无量寿佛经》、《阿弥陀经》而立。三根普被，甚为简易，极契末法时机。明季时，此宗大盛。至于近世，尤为兴盛，超出各宗之上。

以上略说十宗大概已竟。大半是摘取近人之说以叙述之。

就此十宗中，有小乘、大乘之别。而大乘之中，复有种种不同。吾人于此，万不可固执成见，而妄生分别。因佛法本来平等无二，无有可说，即佛法之名称亦不可得。于不可得之中而建立种种差别佛法者，乃是随顺世间众生以方便建立。因众生习染有浅深，觉悟有先后。而佛法亦依之有种种差别，以适应。譬如世间患病者，其病症千差万别，须有多种药品以适应之，其价值亦低昂不等。不得仅尊其贵价者，而废其他廉价者。所谓药无贵贱，愈病者良。佛法亦尔，无论大小权实渐顿显密，能契机者，即是无上妙法也。故法门虽多，吾人宜各择其与自己根机相契合者而研习之，斯为善矣。

戊寅十月七日在晋江安海金墩宗祠讲

佛法十疑略释

欲挽救今日之世道人心，人皆知推崇佛法。但对于佛法而起之疑问，亦复不少。故学习佛法者，必先解释此种疑问，然后乃能着手学习。

以下所举十疑及解释，大半采取近人之说而叙述之，非是讲者之创论。所疑固不限此，今且举此十端耳。

一、佛法非迷信

近来知识分子，多批评佛法谓之迷信。

我辈详观各地寺庙，确有特别之习惯及通俗之仪式，又将神仙鬼怪等混入佛法之内，谓是佛法正宗。既有如此奇异之现相，也难怪他人谓佛法是迷信。

但佛法本来面目则不如此，决无崇拜神仙鬼怪等事。其仪式庄严，规矩整齐，实超出他种宗教之上。又佛法能破除世间一切迷信而与以正信，岂有佛法即是迷信之理？

故知他人谓佛法为迷信者，实由误会。倘能详察，自不致有此批评。

二、佛法非宗教

或有人疑佛法为一种宗教。此说不然。

佛法与宗教不同，近人著作中常言之，兹不详述。应知佛法实不在宗教范围之内也。

三、佛法非哲学

或有人疑佛法为一种哲学。此说不然。

哲学之要求，在求真理，以其理智所推测而得之某种条件即谓为真理。其结果，有一元、二元、唯心、唯物种种之说。甲以为理在此，乙以为理在彼，纷纭扰攘，相非相谤。但彼等无论如何尽力推测，总不出于错觉一途。譬如盲人摸象，其生平未曾见象之形状，因其所摸得象之一部分，即谓是为象之全体。故或摸其尾便谓象如绳，或摸其背便谓象如床，或摸其胸便谓象如地。虽因所摸处不同而感觉互异，总而言之，皆是迷惑颠倒之见而已。

若佛法则不然，譬如明眼人能亲见全象，十分清楚，与前所谓盲人摸象者迥然不同。因佛法须亲证"真如"，了无所疑，决不同哲学家之虚妄测度也。

何谓"真如"之意义？真真实实，平等一如，无妄情，无偏执，离于意想分别，即是哲学家所欲了知之宇宙万有之真相及本体也。夫哲学家欲发明宇宙万有之真相及本体，其志诚为可嘉。但太无方法，致罔废心力而终不能达到耳。

以上所说之佛法非宗教及哲学，仅略举其大概。若欲详知者，有南京支那内学院出版之《佛法非宗教非哲学》一卷，可自详研，即能洞明其奥义也。

四、佛法非违背于科学

常人以为佛法重玄想，科学重实验，遂谓佛法违背于科学。此说不然。

近代科学家持实验主义者，有两种意义。

一是根据眼前之经验，彼如何即还彼如何，毫不加以玄想。

二是防经验不足恃，即用人力改进，以补通常经验之不足。

佛家之态度亦尔，彼之"戒""定""慧"三无漏学，皆是改进通常之经验。但科学之改进经验重在客观之物件，佛法之改进经验重在主观之心识。如人患目病，不良于视，科学只知多方移置其物以求一辨，佛法则努力医治其眼以求复明。两者虽同为实验，但在治标治本上有不同耳。

关于佛法与科学之比较，若欲详知者，乞阅上海开明书店代售之《佛法与科学之比较研究》。著者王小徐，曾留学英国，在理工专科上迭有发现，为世界学者所推重。近以其研究理工之方法，创立新理论解释佛学，因著此书也。

五、佛法非厌世

常人见学佛法者，多居住山林之中，与世人罕有往来，遂疑佛法为消极的、厌世的。此说不然。

《戒定慧》| 弘一法师

本条幅原为来华的日本人、鲁迅的朋友内山完造收藏，后来鲁迅从内山处「乞得」。鲁迅日记对此有记载，可见鲁迅对弘一法师书法的看重。

学佛法者，固不应迷恋尘世以贪求荣华富贵，但亦绝非是冷淡之厌世者。因学佛法之人皆须发"大菩提心"，以一般人之苦乐为苦乐，抱热心救世之弘愿，不唯非消极，乃是积极中之积极者。虽居住山林中，亦非贪享山林之清福，乃是勤修"戒""定""慧"三学以预备将来出山救世之资具耳。与世俗青年学子在学校读书为将来任事之准备者，甚相似。

由是可知谓佛法为消极厌世者，实属误会。

六、佛法非不宜于国家之兴盛

近来爱国之青年，信仰佛法者少。彼等谓佛法传自印度，而印度因此衰亡，遂疑佛法与爱国之行动相妨碍。此说不然。

佛法实能辅助国家，令其兴盛，未尝与爱国之行动相妨碍。印度古代有最信仰佛法之国王，如阿育王、戒日王等，以信佛故，而统一兴盛其国家。其后婆罗门等旧教复兴，佛法渐无势力，而印度国家乃随之衰亡，其明证也。

七、佛法非能灭种

常人见僧尼不婚不嫁，遂疑人人皆信佛法必致灭种。此说不然。

信佛法而出家者，乃为僧尼，此实极少之数。以外大多数之在家信佛法者，仍可婚嫁如常。佛法中之僧尼，与他教之牧师相似，非是信徒皆应为牧师也。

八、佛法非废弃慈善事业

常人见僧尼唯知弘扬佛法，而于建立大规模之学校、医院、善堂等利益社会之事未能努力，遂疑学佛法者废弃慈善事业。此说不然。

依佛经所载，布施有二种，一曰财施，二曰法施。出家之佛徒，以法施为主，故应多致力于弘扬佛法，而以余力提倡他做慈善事业。若在家之佛徒，则财施与法施并重，故在家居士多努力做种种慈善事业，近年以来各地所发起建立之佛教学校、慈儿院、医院、善堂、修桥、造凉亭乃至施米、施衣、施钱、施棺等事，皆时有所闻，但不如他教仗外国慈善家之财力所经营者规模阔大耳。

九、佛法非是分利

近今经济学者，谓人人能生利，则人类生活发达，乃可共享幸福。因专注重于生利。遂疑信仰佛法者，唯是分利而不生利，殊有害于人类，此说亦不免误会。

若在家人信仰佛法者，不碍于职业，士农工商皆可为之。此理易明，可毋庸议。若出家之僧尼，常人观之，似为极端分利而不生利之寄生虫。但僧尼亦何尝无事业，僧尼之事业即是弘法利生。倘能教化世人，增上道德，其间接直接有真实大利益于人群者正无量矣。

十、佛法非说空以灭人世

常人因佛经中说"五蕴皆空""无常苦空"等，因疑佛法只

《文殊问疾》｜清代｜丁观鹏｜《法界源流图》局部

一味说空。若信佛法者多，将来人世必因之而消灭。此说不然。

大乘佛法，皆说空及不空两方面。虽有专说空时，其实亦含有不空之义。故须兼说空与不空两方面，其义乃为完足。

何谓空及不空。空者是无我，不空者是救世之事业。虽知无我，而能努力做救世之事业，故空而不空。虽努力做救世之事业，而决不执著有我，故不空而空。如是真实了解，乃能以无我之伟大精神，而做种种之事业无有障碍也。

又若能解此义，即知常人执著我相而做种种救世事业者，其能力薄，范围小，时间促，不彻底。若欲能力强，范围大，时间久，最彻底者，必须于佛法之空义十分了解，如是所做救世事业乃能圆满成就也。

故知所谓空者，即是于常人所执著之我见打破消灭，一扫而空，然后以无我之精神，努力切实做种种之事业。亦犹世间行事，先将不良之习惯等一一推翻，然后良好之建设乃得实现。

信能如此，若云牺牲，必定真能牺牲；若云救世，必定真能救世。由是坚坚实实，勇猛精进而做去，乃可谓伟大，乃可谓彻底。

所以真正之佛法，先须向空上立脚，而再向不空上做去。岂是一味说空而消灭人世耶！

以上所说之十疑及释义，多是采取近人之说而叙述其大意。诸君闻此，应可免除种种之误会。

若佛法中之真义，至为繁广，今未能详说。唯冀诸君从此以后，发心研究佛法，请购佛书，随时阅览，久之自可洞明其义。是为余所厚望焉。

戊寅十月六日在晋江安海金墩宗祠讲

净宗问辨

古德撰述，每设问答，遣除惑疑，翼赞净土，厥功伟矣。宋代而后，迄于清初，禅宗最盛，其所致疑多源于此。今则禅宗渐衰，未劳攻破。而复别有疑义，盛传当时。若不商榷，或致讹乱。故于万寿讲次，别述所见，冀息时疑。匪曰好辨，亦以就正有道耳。

问：当代弘扬净土宗者，恒谓专持一句弥陀，不须复学经律论等，如是排斥教理，偏赞持名，岂非主张太过耶？

答：上根之人，虽有终身专持一句圣号者，而决不应排斥教理。若在常人，持名之外，须于经律论等随力兼学，岂可废弃。且如灵芝疏主，虽撰义疏盛赞持名，然其自行亦复深研律藏，旁通天台法相等，其明证矣。

问：有谓净土宗人，率多抛弃世缘，其信然欤？

答：若修禅定或止观或秘咒等，须谢绝世缘，入山静习。净土法门则异于是。无人不可学，无处不可学，士农工商各安其业，皆可随分修其净土。又于人事善利群众公益一切功德，悉应尽力集积，以为生西资粮，何可云抛弃耶！

问：前云修净业者不应排斥教理抛弃世缘，未审出何经论？

答：经论广明，未能具陈，今略举之。《观无量寿佛经》云：欲生彼国者当修三福。一者，孝养父母，奉事师长，慈心不杀，修十善业。二者，受持三皈，具足众戒，不犯威仪。三者，发菩提心，深信因果，读诵大乘，劝进行者。如此三事，名为净业，乃是过去、未来、现在三世诸佛净业正因。《无量寿经》云：发菩提心，修诸功德，殖诸德本，至心回向，欢喜信乐，修菩萨行。

《大宝积经发胜志乐会》云：佛告弥勒菩萨言：菩萨发十种心。一者，于诸众生，起于大慈，无损害心。二者，于诸众生，起于大悲，无逼恼心。三者，于佛正法，不惜身命，乐守护心。四者，于一切法，发生胜忍，无执著心。五者，不贪利养，恭敬尊重，净意乐心。六者，求佛种智，于一切时，无忘失心。七者，于诸众生，尊重恭敬，无下劣心。八者，不著世论，于菩提分，生决定心。九者，种诸善根，无有杂染，清净之心。十者，于诸如来，舍离诸相，起随念心。若人于此十种心中，随成一心，乐欲往生极乐世界，若不得生，无有是处。

问：菩萨应常处娑婆，代诸众生受苦。何故求生西方？

答：灵芝疏主初出家时，亦尝坚持此见，轻谤净业。后遭重病，色力痿羸，神识迷茫，莫知趣向。既而病瘥，顿觉前非，悲泣感伤，深自克责，以初心菩萨未得无生法忍。志虽洪大，力不堪任也。《大智度论》云：具缚凡夫有大悲心，愿生恶世救苦众生无有是处。譬如婴儿不得离母。又如弱羽只可传枝。未证无生法忍者，要须常不离佛也。

问：法相宗学者欲见弥勒菩萨，必须求生兜率耶？

答：不尽然也。弥勒菩萨乃法身大士，尘尘刹刹同时等遍。兜率内院有弥勒，极乐世界亦有弥勒，故法相宗学者不妨求生西方。且生西方已，并见弥陀及诸大菩萨，岂不更胜？《华严经普

《普贤如来八言联》┃弘一法师┃语出《华严经》

贤行愿品》云：到已，即见阿弥陀佛、文殊师利菩萨、普贤菩萨、观自在菩萨、弥勒菩萨等。又《阿弥陀经》云：其中多有一生补处，其数甚多，非是算数所能知之，但可以无量无边阿僧祇说。众生闻者，应当发愿，愿生彼国。所以者何？得与如是诸上善人俱会一处。据上所引经文，求生西方最为殊胜也。故慈恩教主窥基大师曾撰《阿弥陀经通赞》三卷及疏一卷，普劝众生同归极乐，遗范具在，的可依承。

问：兜率近而易生，极乐远过十万亿佛土，若欲往生不綦难欤？

答：《华严经普贤行愿品》云：一刹那中，即得往生极乐世界。《灵芝弥陀义疏》云：十万亿佛土，凡情疑远，弹指可到。十方净秽同一心故，心念迅速不思议故。由是观之，无足虑也。

问：闻密宗学者云，若唯修净土法门，念念求生西方，即渐渐减短寿命，终至夭亡。故修净业者，必须兼学密宗长寿法，相辅而行，乃可无虑。其说确乎？

答：自古以来，专修净土之人，多享大年，且有因念佛而延寿者。前说似难信也。又既已发心求生西方，即不须顾虑今生寿命长短，若顾虑者必难往生。人世长寿不过百年，西方则无量无边阿僧祇劫。智者权衡其间，当知所轻重矣。

问：有谓弥陀法门，专属送死之教，若药师法门，生能消灾延寿，死则往生东方净刹，岂不更善？

答：弥陀法门，于现生何尝无有利益，具如经论广明，今且述余所亲闻事实四则证之，以息其疑。一、瞽目重明。嘉兴范古农友人戴君，曾卒业于上海南洋中学，忽而双目失明，忧郁不乐。古农乃劝彼念阿弥陀佛，并介绍居住平湖报本寺，日夜一心专念。如是年余，双目重明如故。此事古农为余言者。二、沉疴顿愈。海盐徐蔚如旅居京师，屡患痔疾，经久不愈。曾因事远出，乘人力车摩擦颠簸，归寓之后，痔乃大发，痛彻心髓，经七昼夜不能睡眠，病已垂危。因忆华严十回向品代众生受苦文，依之发愿。后即一心专念阿弥陀佛，不久遂能安眠，醒后痔疾顿愈，迄今已十数年，未曾再发。此事蔚如尝与印光法师言之。余复致书询问，彼言确有其事也。三、冤鬼不侵。四川释显真，又字西归。在家时历任县长，杀戮土匪甚多。出家不久，即住宁波慈溪五磊寺，每夜梦见土匪多人，血肉狼藉，凶暴愤怒，执持枪械，向其索命。遂大恐惧，发勇猛心，专念阿弥陀佛，日夜不息，乃至梦中亦能持念。梦见土匪，即念佛号以劝化之。自是梦中土匪渐能和驯，数月以后，不复见矣。余与显真同住最久，常为余言其往事，且叹念佛功德之不可思议也。四、危难得免。温州吴璧华勤修净业，行住坐卧，恒念弥陀圣号。十一年壬戌七月下旬，温州飓风暴雨，墙屋倒坏者甚多。是夜璧华适卧墙侧，默念佛号而眠。夜半，墙忽倾圮，砖砾泥土坠落遍身，家人疑已压毙，相率奋力除去砖土，见璧华安然无恙，犹念佛号不辍。察其颜面以至肢体，未有毫发损伤，乃大惊叹，共感佛恩。其时余居温州庆福寺，风灾翌日，璧华亲至寺中向余言之。璧华早岁奔走革命，后信佛法，于北京温州杭州及东北各省尽力弘扬佛化，并主办赈济慈善诸事，临终之际，持念佛号，诸根悦豫，正念分明。及大殓时，顶门犹温，往生极乐，可无疑矣。

乙亥二月于万寿岩讲

问答十章

问：近世诸丛林传戒之时，皆令熟读《毗尼日用切要》（俗称为《五十三咒》），未审可否？

答：蕅益大师曾解释此义，今略录之。文云："既预比丘之列，当以律学为先。今之愿偈（即当愿众生等），本出华严。种种真言，皆属密部。论法门虽不可思议，约修证则各有本宗。收之则全是，若一偈、若一句、若一字，皆为道种。检之则全非，律不律、显不显、密不密、仅成散善；此正法所以渐衰，而末运所以不振。有志之士，不若专精戒律，办比丘之本职也。"

（十诵：诸比丘废学毗尼，便读诵修多罗、阿毗昙，世尊种种诃责。乃至由有毗尼佛法住世等。多有上座长老比丘学律。）

问：《百丈清规》，颇与戒律相似。今学律者，亦宜参阅否？

答：百丈于唐时编纂此书，其后屡经他人增删。至元朝改变尤多，本来面目，殆不可见。故莲池、蕅益大师力诋斥之。莲池大师之说，今未及检录。唯录蕅益大师之说如下。文云："正法灭坏，全由律学不明。《百丈清规》，久失原作本意；并是元朝流俗僧官住持，杜撰增饰，文理不通。今人有奉行者，皆因未谙律学故也。"又云："非佛所制，便名非法；如元朝附会百丈清规等。"又云："百丈清规。元朝世谛住持穿凿，尤为可耻。"按律宗诸书，浩如烟海。吾人尽形学之，尚苦力有未及。即百丈原本今仍存在，亦可不须阅览；况伪本乎？今宜以莲池、蕅益诸大师之言，传示道侣可也。

问：今世俗众，乞师证明受皈依者，辄称皈依某师，未知是否？

答：不然！以所皈依者为僧伽，非唯皈依某师一人故。蕅益大师云："皈依僧者，则一切僧皆我师也。今世俗士，择一名德比丘礼事之，窃窃然矜曰：吾为某知识、某法师门人也！彼知识法师者，亦窃窃然矜曰：彼某居士、某宰官皈依于我者也！噫！果若此，则应曰：皈依佛、皈依法、结交一大德可也。可云皈依僧也与哉！"

问：近世弘律者，皆宗莲池大师《沙弥律仪要略》，未知善否？

答：沙弥戒法注释之书，以蕅益大师所著《沙弥十戒威仪录要》，最为完善；此书扬州刻版，共为一册，标名曰《沙弥十法并威仪》。价金仅洋一角余，若与初学之人讲解沙弥律者，宜用此书也。莲池大师为净土大德，律学非其所长。所著《律仪要略》中，多以己意判断，不宗律藏；故蕅益大师云："莲池大师专弘净土，而于律学稍疏。"（见梵网合注缘起中。今未检原书，略述其大意如此）又云："《律仪要略》，颇有斟酌，堪逗时机，而开遮轻重忏悔之法，尚未中明。"以此诸文证之，是书虽可导俗，似犹未尽善也。

问：沙弥戒第十，不捉持金银；今人应依何方法，乃能不犯此戒？

答：《根本有部律摄》云：比丘若得金银等物，应觅俗众

明灵峰蕅益大师警训

本页为弘一法师圆寂前一年所书，内容为明代高僧蕅益大师的警训。字形稚拙，却精劲非凡，是高僧书法的典范之作。

为净施主；即作施主物想捉持无犯。虽与施主相去甚远，若以后再得金银等，应遥作施主物心而持之。乃至施主命存以来，并皆无犯。若无施主可得者，应持金银等物，对一比丘作是说："大德存念！我比丘某甲得此不净财，当持此不净财，换取净财。"三说已。应自持举，或令人持举，皆无犯也（以上录《律摄》大意，非全文也）。

问：今世传戒，皆聚集数百人，并以一月为期，是佛制否？

答：佛世，凡受戒者，由剃发和尚为请九僧，即可授之；是一人别授也。此法唐代虽有多人共受者，亦止一二十人耳。至于近代，唯欲热闹门庭，遂乃聚集多众；故蕅益大师尝斥之云：随时皆可入道，何须腊八及四月八。难缘方许三人，岂容多众至百千众也。至于受戒之时，不足半日即可授了，何须多日。且近代一月聚集多众者，亦只令受戒者，助做水陆经忏及其他佛事等，终日忙迫，罕有余暇。受戒之事，了无关系；斯更不忍言矣。故受戒绝不需多日。所最要者，和尚于受前受后，应负教导之责耳。唐义净三藏云：岂有欲受之时，非常劳倦。亦既得已，戒不关怀，不诵戒经，不披律典。虚沾法伍，自损损他；若此之流，成灭法者！蕅益大师云：夫比丘戒者，乃是出世宏规，僧宝由斯建立。贵在受后修学行持，非可仅以登坛塞责而已；是故诱诲奖劝宜在事先，研究讨明功须五夏。而后代师匠，多事美观。遂以平时开导之法，混入登坛秉授之次；又受时虽似殷重，受后便谓毕功。颠倒差讹，莫此为甚(菩萨戒，另受)。

问：今世传戒，有戒元、戒魁等名，未知何解？

答：此于受戒之前，令受戒者出资获得；与清季时，捐纳功名无异。非因戒德优劣而分也。此为陋习，最宜革除。

问：末世受戒，未能如法，绝不得戒。未识更依何方便，而能获得比丘戒耶？

答：蕅益大师云："末世欲得净戒，舍此占察轮相之法，更无别途。"盖指依《地藏菩萨占察善恶业报经》所立之占察忏法而言也。按《占察经》云："（先示忏法大略）未来世诸众生等，欲求出家，及已出家，若不能得善好戒师及清净僧众，其心疑惑，不得如法受于禁戒者。但能学发无上道心，亦令身口意得清净已。（礼忏七日之后，每晨以身口意三轮三掷，皆纯善者，即名得清净相。）其未出家者，应当剃发，被服法衣，仰告十方诸佛菩萨，请为师证。一心立愿称辩戒相。先说菩萨十根本重戒，次当总举菩萨律仪三种戒聚。所谓摄律仪戒（五、八、十具等）、摄善法戒、摄化众生戒。自誓受之，则名具获波罗提木叉出家之戒，名为比丘、比丘尼。"故蕅益大师于三十五岁退为沙弥，遂专心礼占察忏法，至四十七岁正月初一日，乃获清净轮相，得比丘戒。

以前：

约有戒论退为出家优婆塞，成时、性旦并受长期八戒。

约无戒论自誓受三皈、五戒。长期八戒，菩萨戒少分。

受比丘戒缘，第四心境相应。

或心不当境，或境不称心，或心境俱不相应；并非法故。

问：若已破四重戒者，犹得再受比丘戒耶？

答：在家之人，或破五戒、八戒中四重。出家之人，或破沙弥、沙弥尼、式叉摩那、比丘、比丘尼戒中四重；并名边罪。若依小乘律，不得重受。若依梵网经；虽通忏悔，须以得见相好为

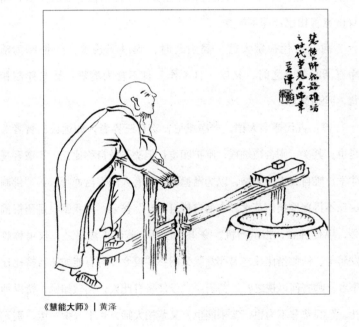

慧能六师祖路难坊
之时代事见忍师章

君泽

《慧能大师》| 黄泽

期。今依占察经忏法，则以得清净轮相为期也。占察经云："未来之时，若在家、若出家众生等，欲求受清净妙戒，而先已作增上重罪(即是边罪)，不得受者，亦当如上修忏悔法。令其至心，得身口意善相已；即可应受。"

问：古代禅宗大德，居山之时，则以三条篾、一把锄为清净自活。领众之时，又以一日不作一日不食为清规；皆与律制相背，是何故耶？

答：古代禅宗大德，严净毗尼，宏范三界者，如远公、智者等是也。其次，则舍微细戒，唯护四重；但决不敢自称比丘、不敢轻视律学。唯自愧未能兼修，以为渐德耳。昔有人问寿吕禅师云："佛制比丘不得掘地损伤草木。今何自耕自种？"答云："我辈只是悟得佛心，堪传佛意，指示当机，令识心性耳。若以正法格之，仅可称剃发居士，何敢当比丘之名耶？"又问："设令今时有能如法行持比丘事者，师将何以视之？"答云："设使果有此人，当敬如佛，待以师礼。"我辈非不为也，实未能也。又紫柏大师，生平一粥一饭，别无杂食。胁不着席四十余年；犹以未能持微细戒，故终不敢为人授沙弥戒及比丘戒。必不得已则授五戒法耳。嗟乎！从上诸祖，敬视律学如此，岂敢轻之；若轻律者，定属邪见，非真实宗匠也。

上列十章，未依次第；又以匆促撰录，或有文义未妥之处，俟后修正可也。

常随佛学

《华严经行愿品》末卷所列十种广大行愿中，第八曰常随佛学。若依华严经文所载种种神通妙用，绝非凡夫所能随学。但其他经律等，载佛所行事，有为我等凡夫作模范，无论何人皆可随学者，亦屡见之。今且举七事。

一、佛自扫地

《根本说一切有部毗奈耶杂事》云：世尊在逝多林。见地不净，即自执帚，欲扫林中。时舍利子大目犍连大迦叶阿难陀等，诸大声闻，见是事已，悉皆执帚共扫园林。时佛世尊及圣弟子扫除已。入食堂中，就座而坐。佛告诸比丘。凡扫地者有五胜利。一者自心清净。二者令他心清净。三者诸天欢喜。四者植端正业。五者命终之后当生天上。

二、佛自舁（音余，即共扛抬也）弟子及自汲水

《五分律》、《佛制饮酒戒缘起》云：婆伽陀比丘，以降龙故，得酒醉。衣钵纵横。佛与阿难舁至井边。佛自汲水、阿难洗之等。

三、佛自修房

《十诵律》云：佛在阿罗毗国。见寺门楣损，乃自修之。

四、佛自洗病比丘及自看病

《四分律》云：世尊即扶病比丘起，拭身不净。拭已洗之。洗已复为浣衣晒干。有故坏卧草弃之。扫除住处，以泥浆涂洒，极令清净。更敷新草，并敷一衣。还安卧病比丘已，复以一衣覆上。

《西域记》云：祇桓东北有塔，即如来洗病比丘处。

又云：如来在日，有病比丘，含苦独处。佛问：汝何所苦？汝何独居？答曰：我性疏懒不耐看病，故今婴疾无人瞻视。佛愍而告曰：善男子！我今看汝。

五、佛为弟子裁衣

《中阿含经》云：佛亲为阿那律裁三衣。诸比丘同时为连合，即成。

六、佛自为老比丘穿针

此事知者甚多。今以忘记出何经律，不及检查原文。仅就所记忆大略之义录之。佛在世时，有老比丘补衣。因目昏花，未能

唐玄奘西行圖

西行歷盡玖珂難
跋涉萬里住伽竺
勒勉攜佛中華土
聖僧留芬千古頌

《唐玄藏西行图》

唐玄奘是唐代高僧，曾赴印度取经，译有大量佛教经典，另著有《西域记》。小说《西游记》里的唐僧便是以他为原型的。

以线穿针孔中。乃叹息曰：谁当为我穿针。佛闻之，即立起曰：我为汝穿之等。

七、佛自乞僧举过

是为佛及弟子等结夏安居既竟，具仪自恣时也。《增一阿含经》云：佛坐草座（即是离本座，敷草于地而坐也。所以尔者，恣僧举过，舍骄慢故）告诸比丘言：我无过咎于众人乎？又不犯身口意乎？如是至三。

灵芝律师云：如来亦自恣者，示同凡法故，垂范后世故，令众省己故，使折我慢故。

如是七事，冀诸仁者勉力随学。远离骄慢，增长悲心，广植福业，速证菩提。是为余所希愿者耳！

癸酉七月十一日在泉州承天寺为幼年诸学僧讲

万寿岩念佛堂开堂演词

今日万寿禅寺念佛堂开堂，余得参末席，深为荣幸。近十数年来，闽南佛法日益隆盛，但念佛堂尚未建立，悉皆引为憾事。今由本寺住持本妙法师发愿创建，开闽南风气之先。大众欢喜，叹为稀有。本妙法师英年好学，亲近兴慈法主讲席已历多载。于天台教义及净土法门悉能贯通。故今本其所学，建念佛堂弘扬净土，可谓法门之龙象，僧中之芬陀矣。

今念佛堂既已成立，而欲如法进行，维持永久，胥赖护法诸居士有以匡辅而助理之。

考江浙念佛堂规则，约分二端。一为长年念佛，二为临时念佛。

长年念佛者，斋主供设延生或荐亡牌位，堂中住僧数人乃至数十人，每日念佛数次。

临时念佛者，斋主或因寿诞或因保病或因荐亡，临时念佛一日，乃至多日，此即是水陆经忏之变相。

以上二端中，长年念佛尚易实行。因规模大小可以随时变通，勉力支持犹可为也。若临时念佛，实行至为困难。因旧日习惯，唯尚做水陆诵经拜忏放焰口等。今遽废此习惯，改为念佛，非易事也。

印光老法师文钞中，屡言念佛胜于水陆经忏等。今略引之。
与徐蔚如书云：

　　至于七中，及一切时，一切事，俱宜以念佛为主。何但丧期。以现今僧多懒惰，诵经则不会者多。而又其快如流，会而不熟亦不能随念。纵有数十人，念者无几。唯念佛则除非不发心，决无不能念之弊。又纵不肯念，一句佛号入耳经心，亦自利益不浅，此余决不提倡做余道场之所以也。

又复黄涵之书，数通中，皆言及此。文云：

　　至于保病荐亡，今人率以诵经拜忏做水陆为事。余与知友言，皆令念佛。以念佛利益，多于诵经拜忏做水陆多多矣。何以故？诵经则不识字者不能诵，即识字而快如流水，稍钝之口舌亦不能诵，懒人虽能亦不肯诵，则成有名无实矣。拜忏做水陆亦可例推。念佛则无一人不能念者，即懒人不肯念，而大家一口同音念，彼不塞其耳，则一句佛号固已历历明明灌于心中，虽不念与念亦无异也。如染香人，身有香气，非特欲香，有不期然而然者，为亲眷保安荐亡者皆不可不知。又云：至于做佛事，不必念经拜忏做水陆，以此等事，皆属场面，宜专一念佛，俾令郎等亦始终随之而念，女眷则各于自室念之，不宜附于僧位之末。如是则不但尊夫人令眷实获其益，即念佛之僧并一切见闻无不获益也。凡做佛事，主人若肯临坛，则僧自发实心，倘主人以此为具文，则僧亦以此为具文矣。又云：做佛事一事，余前已详言之，祈勿徇俗徒作虚套，若念四十九天佛，较诵经之利益多多矣。

又复周孟由昆弟书云：

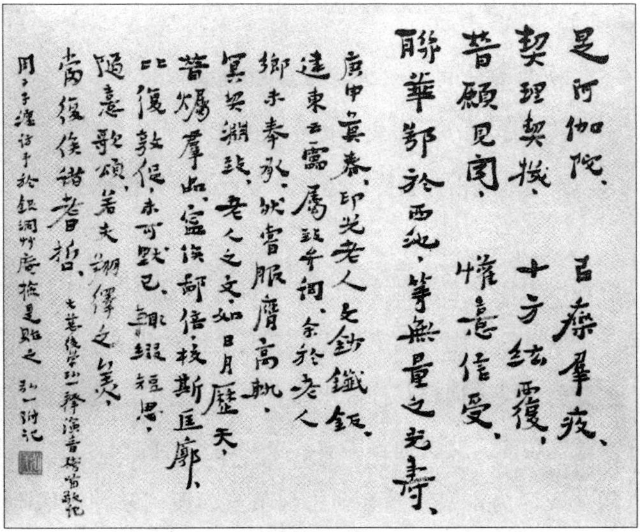

是阿伽陀、百藥羣疫、

契理契機、十方紘覆、

普願見聞、憬意信受、

聯華郁於西池、等無量之光壽、

庚申之春、印光老人之文鈔鐵鉅、

達東西需、屬致弁詞、余於老人

鄉末奉承、就曾服膺高軌、

冥契潮玦、老人之文如日月歷天、

菩燭摩尼、富嶽峨倍枝斯匡廓、

比復敦促、未可默已、聊綴短景、

過意歌頌、若夫湖傳之美、

尚緩俟諸耆哲、

同年僧語手於銀洞竹庵是晚之

上虞佛學山釋演音曁首歌記

弘一游记

《颂印光老人文钞》│弘一法师│一九二〇年

做佛事，只可念佛，勿做别佛事，并令全家通皆恳切
念佛，则于汝母，于汝等诸眷属及亲戚朋友，皆有实益。又
云：请僧念七七佛甚好。念时，汝兄弟必须有人随之同念。

统观以上印光老法师之言，于念佛则尽力提倡，于做水陆诵
经拜忏放焰口等，则云决不提倡。又云念佛利益多于诵经拜忏做
水陆多多矣。又云诵经拜忏做水陆有名无实。又云念经拜忏做水
陆等事皆属场面。又云徒作虚套。老法师悲心深切，再三告诫，
智者闻之，详为审察，当知何去何从矣。厦门泉州诸居士，归
依印光老法师者甚众。唯望凛遵师训－，努力劝导诸亲友等，自
今以后，决定废止拜忏诵经做水陆等，一概改为念佛。若能如此
实行，不唯闽南各寺念佛堂可以维持永久，而闽南诸邑人士信仰
净土法门者日众，往生西方者日多，则皆现前诸居士劝导之功德
也。幸各勉旃！

甲戌八月

切莫误解佛教

佛教传入中国，已有一千九百多年的历史，所以佛教与中国的关系非常密切。中国的文化、习俗影响佛教，佛教也影响了中国文化、习俗，佛教已成为我们自己的佛教。但佛教是来于印度，印度的文化特色，有些是中国人所不易明了的，受了中国习俗的影响，有些是不合佛教的本意的，所以佛教在中国，信佛法的与不相信佛法的人，对于佛教，每每有些误会，不明佛教本来的意义，发生错误的见解。因此相信佛法的人，不能正确的信仰，批评佛教的人，也不会批评到佛教本身，我觉得信仰佛教或者怀疑评论佛教的人，对于佛教的误解应该先要除去，才能真正地认识佛教，现在先提出几种重要一点来说，希望大家能有正确的见解。

一、由于佛教教义而来的误解

佛法的道理很深，有的人不明白深义，只懂得表面文章，随便听了几个名词，就这么讲，那么说，结果不合佛教本来的意思。最普遍的，如"人生是苦"、"出世间"、"一切皆空"等名词，这些当然是佛说的，而且是佛教重要的理论，但一般人很少能正确了解它，现在分别来解说。

（一）人生是苦。佛指示我们，这个人生是苦的，不明白其中的真义的人，就生起错误的观念，觉得我们这个人生毫无意思，因而引起消极悲观，对于人生应该怎样努力向上，就缺乏力量。这是一种被误解得最普遍的，社会一般每拿这消极悲观的名词，来批评佛教，而信仰佛教的，也每陷于消极悲观的错误，其实"人生是苦"这句话，绝不是那样的意思。

凡是一种境界，我们接触的时候，生起一种不合自己意趣的感受，引起苦痛忧虑，如以这个意思来说苦，说人都是苦的，是不够的，为什么呢？因为人生也有很多快乐事情，听到不悦耳的声音固然讨厌，可是听了美妙的音调，不就是欢喜吗！身体有病，家境困苦，亲人别离，当然是痛苦，然而身体健康，经济富裕，合家团圆，不是很快乐吗！无论什么事，苦乐都是相对的，假如遇到不如意的事，就说人生是苦，岂非偏见了。

那么，佛说人生是苦，这苦是什么意义呢？经上说"无常故苦"，一切都无常，都会变化，佛就以无常变化的意思说人生都是苦的。譬如身体健康并不永久，会慢慢衰老病死，有钱的也不能永远保有，有时候也会变穷，权位势力也不会持久，最后还是会失掉。以变化无常的情形看来，虽有喜乐，但不永久，没有彻底，当变化时，苦痛就来了。所以佛说人生是苦，苦是有缺陷、不永久、没有彻底的意思。学佛的人，如不了解真义，以为人生既不圆满彻底，就引起消极悲观的态度，这是不对的，真正懂得佛法的，看法就完全不同，要知道佛说人生是苦这句话，是要我们知道现在这人生是不彻底、不永久的，知道以后可以造就一个永久圆满的人生。

《释迦牟尼佛会》｜清代｜丁观鹏｜《法界源流图》局部

等于病人，必须先知道有病，才肯请医生诊治，病才会除去，身体就恢复健康一样。为什么人生不彻底、不永久而有苦痛呢?一定有苦痛的原因存在，知道了苦的原因，就会尽力把苦因消除，然后才可得到彻底圆满的安乐。所以佛不单单说人生是苦，还说苦有苦因，把苦因除了就可得到究竟安乐。学佛的应照佛所指示的方法去修学，把这不彻底不圆满的人生改变过来，成为一个究竟圆满的人生。这个境界，佛法叫做常乐我净。

常是永久，乐是安乐，我是自由自在，净是纯洁清净，四个字合起来．就是永久的安乐，永久的自由，永久的纯洁。佛教最大的目标，不单说破人生是苦，而是主要的在于将这苦的人生改变过来(佛法名为"转依")，造成为永久安乐、自由自在、纯洁清净的人生。指示我们苦的原因在哪里，怎样向这目标努力去修持。常乐我净的境地，即是绝对的最有希望的理想境界，是我们人人都可达到的。这样怎能说佛教是消极悲观呢?

虽然，学佛的不一定能够人人都得到这顶点的境界，但知道了这个道理，真是好处无边。如一般人在困苦的时候，还知努力为善，等到富有起来，一切都忘记，只顾自己享福，糊糊涂涂走向错路。学佛的，不只在困苦时知道努力向上，就是享乐时也随时留心，因为快乐不是永久可靠，不好好向善努力，很快会堕落失败的。人生是苦，可以警觉我们不至于专门研究享受而走向错误的路，这也是佛说人生是苦的一项重要意义。

(二)出世。佛法说有世间、出世间，可是很多人误会了，以为世间就是我们住的那个世界，出世间就是到另外什么地方去，这是错了，我们每个人在这个世界，就是出了家也在这个世界。

得道的阿罗汉、菩萨、佛都是出世间的圣人，但都是在这个世界救渡我们，可见出世间的意思，并不是跑到另外一个地方去。

那么佛教所说的世间与出世间是什么意思呢？依中国向来所说，"世"有时间性的意思，如三十年为一世，西洋也有这个意思，叫一百年为一世纪。所以世的意思就是有时间性的，从过去到现在，现在到未来，在这一时间之内的叫"世间"。佛法也如此，可变化的叫世，在时间之中，从过去到现在，现在到未来，有到没有，好到坏，都是一直变化，变化中的一切，都叫世间。还有，世是蒙蔽的意思，一般人不明过去、现在、未来三世的因果，不知道从什么地方来、要怎样做人、死了要到哪里去，不知道人生的意义、宇宙的本性，糊糊涂涂在这三世因果当中，这就叫做"世间"。

怎样才叫出世呢？出是超过或胜过的意思，能修行佛法，有智慧，通达宇宙人生的真理，心里清净，没有烦恼，体验永恒真理就叫"出世"。佛、菩萨都是在这个世界，但他们都是以无比智慧通达真理，心里清净，不像普通人一样。所以出世间这个名词，是要我们修学佛法的，进一步能做到人上之人，从凡夫做到圣人，并不是叫我们跑到另外一个世界去。不了解佛法出世的意义的人，误会佛教是逃避现实，因而引起不正当的批评。

（三）一切皆空。佛说一切皆空，有些人误会了，以为这样也空，那样也空，什么都空，什么都没有，横竖是没有，无意义，这才坏事干，好事也不做，糊糊涂涂地看破一点，生活下去就好了。其实佛法之中空的意义，是有着最高的哲理，诸佛菩萨就是悟到空的真理者。空并不是什么都没有，反而是样样都有，世界是世界，人生是人生，苦是苦，乐是乐，一切都是现成的，佛法之中，明显地说到有邪有正有善，有恶有因有果，要弃邪归正，离恶向善，作善得善果，修行成佛。如果说什么都没有，那我们何必要学佛呢？既然因果、善恶凡夫圣人样样都有，佛为什么说一切皆空?空是什么意义呢？因缘和合而成，没有实在的不变体，叫空。邪正善恶人生，这一切都不是一成不变实在的东西，皆是依因缘的关系才有的，因为是从因缘而产生，所以依因缘的转化而转化，没有实体所以叫空。举一个事实来说吧，譬如一个人对着一面镜子，就会有一个影子在镜里，怎会有那个影子呢?有镜有人还要借太阳或灯光才能看出影子，缺少一样便不成，所以影子是种种条件产生的，这不是一件实在的物体，虽然不是实体，但所看到的影子，是清清楚楚并非没有。一切皆空，就是依这个因缘所生的意义而说的，所以佛说一切皆空，同时即说一切因缘皆有，不但要体悟一切皆空，还要知道有因有果，有善有恶。学佛的，要从离恶行善，转迷启悟的学程中去证得空性，即空即有，二谛圆融：一般人以为佛法说空，等于什么都没有，是消极是悲观，这都是由于不了解佛法所引起的误会，非彻底纠正过来不可。

二、由于佛教制度而来的误解

佛教是从印度传来的，制度方面有一点不同。我国旧有的地方，例如出家与素食，不明了，也不习惯的人，对此引起许许多多的误会。

（一）出家。出家为印度佛教的制度，我国社会，特别是儒

《念佛不忘救国，救国必须念佛》｜弘一法师｜一九四一年

民国时中国内外交困，内有军阀混战，外有日寇侵略，人民苦不堪言。弘一法师希望通过宗教来救国，缓解同胞的痛苦。

家对他误解最大，在国内，每听人说，大家学佛，世界上的人都没有了，为什么呢？大家都出家了。没有夫妇儿女，还成什么社会?这是严重的误会，我常比喻说：如教师们教学生，那里教人人当教员去，成为教员的世界吗？这点在菲岛，不大会误会的，因为到处看得到的神父、修女，他们也是出家，但只是天主教徒中的少部分，并非信天主教的人，人人要当神父、修女。学佛的有出家弟子，有在家弟子，出家可以学佛，在家也可以学佛，出家可以修行了生死，在家也同样可以修行了生死，并不是学佛的人一定都要出家，绝不因大家学佛，就会毁灭人类社会。不过出家与在家，既然都可以修行了生死，为什么还要出家呢？因为要弘扬佛教，推动佛教，必须有少数人主持佛教。主持的顶好是出家人，既没有家庭负担，又不做其他种种工作，可以一心一意修行，一心一意弘扬佛法。佛教要存在这个世界，一定要有这种人来推动他，所以从来就有此出家的制度。

　　出家功德大吗？当然大，可是不能出家的，不必勉强，勉强出家有时不能如法，还不如在家，爬得高的，跌得更重，出家功德高大，但一不当心，堕落得更厉害，要能真切发心，勤苦修行为佛教牺牲自己，努力弘扬佛法，才不愧为出家。出家人是佛教中的核心分子，是推动佛教的主体，不婚嫁，西洋宗教也有这样制度。有许多科学、哲学家，为了学业，守独身主义，不为家庭琐事所累，而去为科学、哲学努力。佛教出家制，也就是摆脱世界欲累，而专心一意地为佛法。所以出家是大丈夫的事，要特别的勤苦，如随便出家，出家而不为出家事，那非但没有利益，反而有碍佛教。有的人，一学佛教想出家，似乎学佛非出家不

世尊光可照 眾生悲 安樂 看苦省 滅除心生大 歡喜

大方廣佛華嚴經
庚午一音書

《华严经》偈语 | 弘一法师

可，不但自己误会了，也把其他人都吓住而不敢来学佛。这种思想——学佛就要出家，要不得，应认识出家不易，先做一良好在家居士为法修学，自利利他。如真能发大心，修出家行，献身佛教，再来出家，这样自己既稳当，对社会也不会发生不良影响。

与出家有关，附带说到两点，有的人看到佛寺广大庄严，清净幽美，于是羡慕出家人，以为出家人住在里面，有施主来供养，无须做工，坐享清福，如流传的"日高三丈犹未起"、"不及僧家半日闲"之类，就是此种谬说，不知道出家人有出家人的事情要勇猛精进，自己修行时"初夜后夜，精勤佛道"。对信徒说法，应该四处游化，出去宣扬真理，过着清苦的生活，为众生为佛教而努力，自利利他，非常难得，所为僧宝，哪里是什么事都不做，坐享现成，坐等施主们来供养，这大概是出家者多，能尽出家人责任者少，所以社会有此误会吧！

有些反对佛教的人，说出家人什么都不做，为寄生社会的消费者，好像一点用处都没有。不知人不一定要从事农、工、商的工作，当教员、新闻记者，以及其他自由职业，也能说是消费者吗？出家人不是没有事做，过着清苦生活而且勇猛精进，所做的事，除自利而外，导人向善，重德行，修持，使信众的人格一天一天提高，能修行了生死，使人生世界得到大利益，怎能说是不做事的寄生者呢？出家人是宗教师，可说是广义而崇高的教育工作者，所以不懂佛法的人说，出家人清闲，或说出家人寄生消费，都不对。真正出家并不如此，应该并不清闲而繁忙，不是消耗而能报施主之恩。

（二）吃素。我们中国佛教徒，特别重视素食，所以学佛的人，每以为学佛就要吃素还不能断肉食的，就会说：看看日本、锡兰、缅甸、泰国，或者我国的西藏、蒙古的佛教徒，不要说在家信徒，连出家人也都是肉食的，你能说他们不学佛、不是佛教徒吗？不要误会学佛就得吃素、不能吃素就不能学佛，学佛与吃素并不是完全一致的。一般人看到有些学佛的，没有学到什么，只学会吃素，家庭里的父母兄弟儿女感觉讨厌，以为素食太麻烦。其实学佛的人，应该这样，学佛后，先要了解佛教的道理，在家庭社会，依照佛理做去，使自己的德行好，心里清净，使家庭中其他的人，觉得你在没学佛以前贪心大，嗔心很重，缺乏责任心与慈爱心，学佛后一切都变了，贪心淡，嗔恚薄，对人慈爱，做事更负责，使人觉得学佛在家庭社会上的好处，那时候要素食，家里的人不但不反对，反而生起同情心，渐渐跟你学，如一学佛就学吃素，不学别的，一定会发生障碍，引起讥嫌。

虽然学佛的人，不一定吃素，但吃素确是中国佛教良好的德行，值得提倡。佛教说素食可以养慈悲心，不忍杀害众生的命，不忍吃动物的血肉，不但减少杀生业障，而且对人类苦痛的同情心会增长。大乘佛法特别提倡素食，说素食对长养慈悲心有很大的功德。所以吃素而不能长养慈悲心，只是消极的戒杀，那还近于小乘呢！

以世间法来说，素食的利益极大，较经济，营养价值也高，可以减少病痛，现在世界上，有国际素食会的组织，无论何人，凡是喜欢素食都可以参加，可见素食是件好事，学佛的人更应该提倡，但必须注意的，就是不要把学佛的标准提得太高，认为学佛就非吃素不可。遇到学佛的人就会问：有吃素吗？为什么学佛这么久，还不吃素呢?这样把学佛与素食合一,对于弘扬佛法是有碍的。

三、对于佛教仪式而来的误解

不了解佛教的人,到寺里去看见礼佛念经、拜忏、早晚功课等等的仪式,不明白其中的真义,就说这些都是迷信。这里面问题很多,现在简单地说到下面几种:

(一)礼佛。入寺拜佛,拿香、花、灯烛来供佛,西洋神教徒,说我们是拜偶像,是迷信,其实佛是我们的教主,是人而进达究竟圆满的圣者,大菩萨们也是快要成佛的人,这是我们皈依处,是我们的领导者,尊重佛菩萨,当有所表示,好像恭敬父母必须有礼貌一样,佛在世的时候,没有问题,可以直接对他表示恭敬。可是现在释迦佛已入涅槃了,还有他方世界的佛菩萨,都不在我们这个世界,不得不用纸画、泥塑、木头石块来雕刻他们的形象,作为恭敬礼拜的对象,因为这是表示佛菩萨的形象,我们才要恭敬礼拜他,并不因为他是纸、土、木、石。如我们敬爱我们的国家,要怎样表示尊敬呢?用颜色布做成国旗,当升旗的时候,恭恭敬敬向国旗行礼,我们能否说这是迷信的行为?天主教也有像,基督教虽没有神像,但也有十字架作为敬礼的对象,有的还跪下祷告,这与拜佛有何差别呢?说佛教礼佛为拜偶像,这是西洋神教徒对我们礼佛的意义不够理解。

至于香、花、灯烛呢?佛在世时,在印度是用这些东西来供养佛的,灯烛是表示光明,香、花是表示芬香清洁,信佛礼佛,一方面用这些东西来供养佛以表示虔敬,一方面即表示从佛得到

《人王般若佛会》| 清代 | 丁观鹏 |《法界源流图》局部

光明清净，并不是献花烧香，使佛闻得香味，点灯点烛佛才能看到一切，西洋宗教，尤其是天主教，还不是用这些东西吗？这本是一般宗教的共同仪式。礼佛要恭敬虔诚，礼佛的时候，要观想为真正的佛。如果一面拜，一面想东想西，或者讲话，那是大不敬，失掉了礼佛的意义。

（二）礼忏。佛教徒礼忏诵经，异教徒及非宗教者，也常常误以为迷信。不知道"忏"印度话叫忏摩，是自己做错了以后，承认自己错误的意思。因为一个人，在过去世以及现生中，谁都做过种种错事，犯有种种的罪恶，留下招引苦难、障碍修道解脱的业力，为了减轻及消除障碍苦难的业力，所以在佛菩萨前、众僧前，承认自己的错误，以消除自己的业障。佛法有礼忏的法门，这等于耶教的悔改，在宗教的进修上是非常重要的。忏悔要自己忏，内心真切地忏，才合乎佛教的意思。

一般人不会忏悔要怎么办呢？古代祖师就编集忏悔的仪规，教我们一句一句念诵，口诵心思，也就是知道里面的意义，忏悔自己的罪业了。忏仪中教我们怎样的礼佛，求佛菩萨慈悲加护，承认自己的错误，知道杀生、偷盗、邪淫等的不是，一心发愿改往修来，这些都是过去祖师们教我们忏悔的仪规（耶教也有耶稣示范的祷告文），但主要还是要从心里发出真切的悔改心。

有些人，连现成的仪规也不会念诵，就请出家人领导着念，慢慢地自己不知道忏悔，专门请出家人来为自己礼忏了，有的父母眷属去世了为要藉三宝的恩威，来消除父母眷属的罪业，也请出家人来礼忏，以求亡者的超升，然而如不明佛法本意，为了铺排门面，为了民间风俗，只是费几个钱，请几个出家人来礼忏做功德，而自己或不信佛法，或者自己毫无忏悔恳切的诚意，那是失掉忏礼的意义了。

佛教到了后来，忏悔的意义模糊了。学佛的自己不忏，事无大小都请出家人，弄得出家人为了佛事忙，今天为这家礼忏，明天为那家做功德，有的寺院，天天以佛事为唯一事业；出家人主要事业，放弃不管，这难怪佛教要衰败了。所以忏悔主要是自己，如果自己真真切切地忏悔，甚至是一小时的忏悔，也是超过请了许多人，做几天佛事的功德，了解这个道理，如对父母要尽儿女的孝心，那么为自己父母礼忏的功德很大。因为血缘相通，关系密切的缘故。不要把礼忏、做功德，当做出家人的职业，这不但毫无好处，只有增加世俗的毁谤与误会。

（三）课诵。学佛的人，在早晚诵经念佛，在佛教里面叫课诵。基督教早晚及饮食时候有祷告，天主教徒早晚也要诵经，这种宗教行仪，本来没有什么问题，不过为了这件事情，有几位问我，不学佛还好，一学佛问题就大了，我的母亲早上晚上一做功课，就要一两个钟头，如学佛的都这样，家里的事情简直没有办法推动了，在一部分的居士间，确有这种情形，使人误会佛教为老年有闲的佛教，非一般人所宜学。其实，早晚课诵，并不是一定诵什么经，念什么佛，也不一定诵持多久，可以随心所欲依实际情形而定时间，主要的须称念三皈依，十愿也是重要的。日本从中国传去的佛教，净土宗、天台宗、密宗等都各有自宗的功课，简要而不费多少时间，这还是唐宋时代的佛教情况。我们中国近代的课诵，一、是丛林所用的，丛林住了几百人，集合一次就须费好长时间，为适应这特殊环境所以课诵较长；二、元明以

甲子四月於浙衢祥符禅寺
弘一师为大众说法临别念念佛室摄影纪念

《弘一法师在衢州祥符禅寺》｜摄于一九二四年

来佛教趋向混合，于是编集的课诵仪规，具备各种内容，适合不同宗派的修学。其实在家居士，不一定要如此。从前印度大乘行人，每天六次行五悔法，时间短些不要紧，次数不妨增多，终之学佛，不只是念诵仪规，在家学佛，绝不可因功课繁长而影响家庭的工作。

（四）烧纸。古代中国祭祖时有焚帛风俗，烧一点绸缎，给祖先享用。后来为了简省就改用纸来代替，到后代做成钱，元宝、钞票，甚至于扎房子、汽车来焚化，这些都是古代传来的风俗习惯，演变而成，不是佛教里面所有的。

这些事情，也有一点好处，就是做儿女的对父母表示一点孝意。自己饮食，想到父母祖先，自己住屋穿衣，想到祖先，不忘记父祖的恩德，有慎终追远的意义。佛教传来中国，适应中国，方便地与念经礼佛合在一起，但是在儒家"送死为大事"及"厚葬"的风气下，不免铺张浪费，烧得越多越好，这才引起近代人士的批评，而佛教也被认为迷信浪费了。佛教徒明白这个意义，最好不要烧纸箔等，佛教里并没有这些。

如果为了要纪念先人，象征地少烧一点，不要拿到寺庙里去烧，免得佛教为我们受罪。

（五）抽签，问卜扶乩。有些佛寺中，有抽签、问卜甚至有扶乩等举动，引起社会的讥嫌，指为迷信。其实纯正的佛教，不容许此种行为(有没有效验，是另外一件事)。真正学佛的，只相信因果。如果过去及现在作有恶业，绝不能趋吉避凶的方法可以避免。修善得善果，作恶将来避不了恶报，要得到善的果报，就得多做有功德的事情。佛弟子只知道多做善事，一切事情，如法合理地做去，绝不使用投机取巧的下劣作风。这几样都与佛教无关，佛弟子真的信仰佛教，应绝对避免这些低级的宗教行为。

四、由于佛教现况而来的误解

一般中国人，不明了佛教，不明了佛教国际的情形，专以中国佛教的现况，随便批评佛教。下面便是常听到两种：

（一）信仰佛教的国家就会衰亡。他们以为印度是因信佛才亡国，他们要求中国富强，于是武断地认为不能信仰佛教，其实这是完全错误。研究过佛教历史的都知道，过去印度最强盛时代，便是佛教最兴盛时代，那时候，孔雀王朝的阿育王统一印度，把佛教传播到全世界。后来婆罗门教复兴，摧残佛教，印度也就日见纷乱。当印度为回教及大英帝国灭亡时，佛教已经衰败甚至没有了。中国历史上，也有这种实例。现在称华侨为唐人、中国为唐山，就可见到中国唐朝国势的强盛，那个时候，恰是佛教最兴盛的时代。唐武宗破坏佛教，也就是唐代衰落了。唐以后，宋太祖、太宗、真宗、仁宗都崇信佛教，也就是宋朝兴盛的时期。明太祖本身是出过家的，太宗也非常信佛，不都是政治修明，国力隆盛的时代吗？日本现在虽然失败了，但在明治维新之后挤入世界强国之列，他们大都是信奉佛教的，信佛谁说能使国家衰弱？所以从历史看来国势强盛时代正是佛教兴盛的时代。为什么希望现代的中国富强，而反对提倡佛教呢？

(二)佛教对社会没有益处。近代中国人士，看到天主教、基督教办有学校、医院等，而佛教少有举办，就认为佛教是消极，不做有利社会的事业，与社会无益。这是错误的论调，最多只能说，近代中国佛教徒不努力，不尽责，绝不是佛教要我们不做。过去的中国佛教，也办有慈善事业，现代的日本佛教徒，办大学、中学等很多，出家人也多有任大学与中学的校长与教授，慈善事业，也由寺院僧众来主办。特别在锡兰、缅甸、泰国的佛教徒，都能与教育保持密切的关系，兼办慈善事业。所以不能说佛教不能给予社会以实利，而只能说中国佛教徒没有尽了佛弟子的责任，应该多从这方面努力，才会更合乎佛教救世的本意，使佛教发达起来。

中国一般人士，对于佛教的误解还多得很，今天所说的，是比较普遍的，希望大家知道了这些意义，做一个有纯正信仰的佛教徒，至少也能够清除一下对佛教的误会，使纯正佛教的本意发扬出来。否则看来信仰佛教极其虔诚，而实包含了种种错误，信得似是而非，这也难怪社会的讥嫌了。

在菲律宾宿务华侨中学讲

《真身观世音》｜清代｜黎明｜《法界源流图》局部

弘
一解经篇

心经大意

自今日始，讲三日，先说此次讲经之方法。心经虽仅二百余字，摄全部佛法。讲非数日，一二月，至少须一年。今讲三日，岂能尽。仅说简略大意，即用通俗的浅显讲法。（无深文奥义，不释名相，一解大科。）

果效

一、令粗解法者及未学法者，皆稍得利益。

二、又对常人已信佛法仅谓心经为空者，加以纠正。

三、又对常人未信佛法谓佛法为消极者，加以辨正。

（先经题，后经文。）

经题

般若波罗蜜多心经

前七字为别题，后一字为总题。般若一梵语也，译为智慧。

常人之小智小慧
学者之俗智俗慧 } 非
二乘之空智空慧
照见五蕴皆空，能除一切苦，真实不虚之大智大慧。

小智慧（小聪明、小巧） 亦云有智慧，与佛法相远。
俗智慧 研学问，上等人甚好，亦云有智慧，但与佛法无涉。
空智慧 小乘人。

波罗蜜多，译为到彼岸。（就一事之圆满成功言）

若以渡河为喻

动身处…………此岸

欲到处…………彼岸

以舟渡河竟……到彼岸

约法言之

此岸…………轮回生死　须依般若舟，

　↓　　　　　　↓　　　乃能渡到彼岸，

彼岸…………圆满佛果　而离苦得乐。

心，有数释。一释心乃比喻之辞，即是般若波罗蜜多之心。

（心为一身之必要，此经为般若之精要。）

引证 {
《大般若经》云："余经犹如枝叶，般若犹如树根。"
又云："不学般若波罗蜜多，证得无上正等菩提，无有是处。"
又云："般若波罗蜜多能生诸佛，是诸佛母。"
}

案般若部，于佛法中甚为重要。佛说法四十九年，说般若者二十二年。而所说大般若经六百卷，亦为藏经中最大之部。心经虽二百余字，能包六百卷大般若义，毫无遗漏，故曰心也。

经，梵语修多罗，此翻契经。契为契理契机。经谓贯穿摄化。

经者，织物之直线也。与横线之纬对。

此外尚有种种解释。

此经有数译（七译），今常诵者，为唐三藏法师玄奘所译。

已略释经题竟。于讲正文之前，先应注意者。

研习心经者最应注意不可著空见。因常人闻说空义，误以为著空之见。此乃大误，且极危险。经云：宁起有见如须弥山，不起空见如芥子许。因起有见者，著有而修善业，犹报在人天。若著空见者，拨无因果则直趣泥犁。故断不可著空见也。

若再进而言之，空见既不可著，有见亦非尽善。应(一)不著有，(二)亦不著空，乃为宜也。

(一)若著有者，执人我皆实有。既分人我，则有彼此。不能大公无私，不能有无我之伟大精神，故不可著有。须忘人我，乃能成就利生之大事业。

(二)若著空，如前所说拨无因果且不谈。即二乘人仅得空慧而

乾隆皇帝御书《般若波罗蜜多心经》| 为丁观鹏《法界源流图》题

著偏空者，亦不能做利生事业也。

$$\text{故佛经云}\begin{cases}\text{真空（非偏空，偏空不真。）}\\[1ex]\text{妙有（非实有，实有不妙。）}\end{cases}\left.\begin{array}{l}\text{常人以为空有相}\\\text{反，今乃相合。}\end{array}\right.$$

真空者，即有之空，虽不妨假说有人我，但不执著其相。

妙有者，即空之有，虽不执著其相，亦不妨假说有人我。

如是终日度生，实无所度。虽无所度，而又决非弃舍不为。若解此意，则常人所谓利益众生者，能力薄弱，范围小，时不久，不彻底。若欲能力不薄弱，范围大者，须学佛法。了解真空妙有之理，精进修行，如此乃能完成利生之大事业也。

或疑心经少说有，多说空者，因常人多著于有，对症下药，故多说空。虽说空，乃即有之空，是真空也。若见此真空，即真空不空。因有此空，将来做利生事业乃成十分圆满。

合前(三)非消极者，是积极，当可了然。世人之积极，不过积极于暂时，佛法乃永久。

般若法门具有空与下空二义，以无所得故已前之经文，皆从般若之空一方面说。依此空义，于常人所执著之妄见，打破消灭一扫而空，使破坏至于彻底。菩提萨埵已下，是从般若不空方面说，复依此不空义，而炽然上求佛法，下化众生，以完成其圆满之建设。

亦犹世间行事，先将不良之习惯等一一推翻，然后良好建设乃得实现也。世有谓佛法唯是消极者，皆由不知佛法之全系统，及其精神所在，故有此误解也。

今讲正文，讲时分科。今唯略举大科，不细分。

大科

《心经》大科 { 初、显了般若 { 初、经家叙引
二、秘密般若   二、正说般若 }

由序

　　再就说法之由序言，此译本不详。按宋施护译本，先云：世尊在灵鹫山中入三摩提。(三昧，译言正定等)舍利子白观自在菩萨言。若有欲修学甚深般若法门者，当云何修学。而观自在菩萨遂说此经云云。

正文

观自在菩萨

观自在
(即观世音) { 约智　观理事无碍之境，而了达自在。…自利之妙用
约悲　观一切众生之机，而化度自在。…利他之妙用 } 智悲双运，自利利他，故得"观自在"之名。

　　菩萨，"菩提萨埵"之省文，是梵语。

{ 菩提——觉　……………以智上求佛法
萨埵——有情（即众生）…以悲下化众生 } 故称"菩提萨埵"此外有多释。

行深般若波罗蜜多时

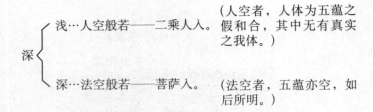

深 ⎰ 浅…人空般若——二乘人入。 （人空者，人体为五蕴之假和合，其中无有真实之我体。）

深…法空般若——菩萨入。 （法空者，五蕴亦空，如后所明。）

照见五蕴皆空

五蕴，即旧译之五阴也。世间万法无尽。欲研高深哲理及正当人生观，应先于万法有整个之认识，有统一之概念。佛法既含有高深之哲理及正当人生观，应知亦尔。

此五蕴，即佛教用以总括世间万法者。故仅研五蕴，与研究一切万法无异。蕴者，蕴藏积聚也。五蕴亦称为五法聚，亦即五类之义。乃将一切精神物质之法归纳于此五类中也。

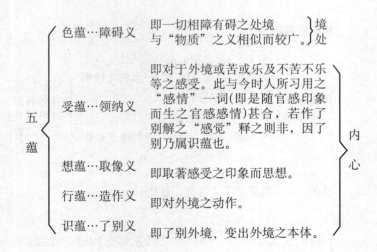

五蕴

色蕴…障碍义　即一切相障有碍之处境　⎰境
　　　　　　　与"物质"之义相似而较广。⎱处

受蕴…领纳义　即对于外境或苦或乐及不苦不乐等之感受。此与今时人所习用之"感情"一词(即是随官感印象而生之官感感情)甚合，若作了别解之"感觉"释之则非，因了别乃属识蕴也。

想蕴…取像义　即取著感受之印象而思想。

行蕴…造作义　即对外境之动作。

识蕴…了别义　即了别外境、变出外境之本体。

内心

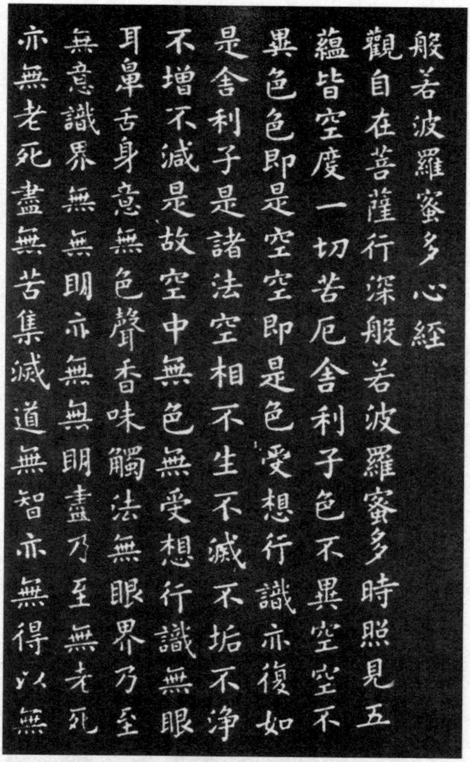

般若波羅蜜多心經

觀自在菩薩行深般若波羅蜜多時照見五

蘊皆空度一切苦厄舍利子色不異空空不

異色色即是空空即是色受想行識亦復如

是舍利子是諸法空相不生不滅不垢不淨

不增不減是故空中無色無受想行識無眼

耳鼻舌身意無色聲香味觸法無眼界乃至

無意識界無無明亦無無明盡乃至無老死

亦無老死盡無苦集滅道無智亦無得以無

《般若波罗蜜多心经》局部 | 欧阳询

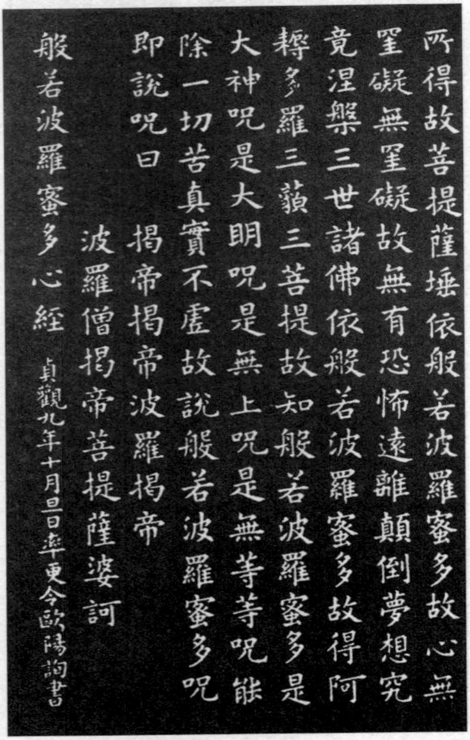

两得故菩提薩埵依般若波羅蜜多故心無
罣礙無罣礙故無有恐怖遠離顛倒夢想究
竟涅槃三世諸佛依般若波羅蜜多故得阿
耨多羅三藐三菩提故知般若波羅蜜多是
大神咒是大明咒是無上咒是無等等咒能
除一切苦真實不虛故說般若波羅蜜多咒
即說咒曰　揭帝揭帝波羅揭帝
波羅僧揭帝菩提薩婆訶
般若波羅蜜多心經　貞觀九年十月日率更令歐陽詢書

《般若波罗蜜多心经》局部｜欧阳询

```
由外境色………而感著种种受      轮转      色
由种种受………而引起种种想      生死   ↗   ↘
由种种想………而发起种种行           识   受
由种种行………而熏习内心之识      循环   ↑   ↓
由内心之识………而变成外境之色   不绝   行 ← 想
```

空，此空之真理及境界，须行深般若时，乃能亲见实证。

今且就可能之范围略说。

五蕴中最难了解其为空者，即色蕴。因有物质，有阻碍，似非空也。

凡夫迷之，认为实有，起诸分别。其实乃空。且举二义：

（一）无常　若色真实不虚者，应常恒不变，但外境之色蕴，乃息息变动。山河大地因有沧海桑田之感，即我自身，今年去年，今月上月，今日昨日，所谓我者亦不相同。即我鼻中出入息，此一息我，非前一息我。后一息我，非此一息我。因于此一息中，我身已起无数变化。最显者，我全身之血，因此一呼吸遂变其性质成分、位置及工作也。

若进言之，非唯一息有此变化，即刹那中亦悉尔也既常常变化，故知是空。

（二）所见不同　若色真实不空者，应何时何人所见悉同。但我等外境之色蕴，乃依时依人而异

```
          ⎧ 鱼龙认为窟宅 ⎫
          ⎪ 天众认为琉璃 ⎪
如恒河水  ⎨            ⎬ 皆依其识，而所见不同。
          ⎪ 人间认为波流 ⎪
          ⎩ 饿鬼认为猛焰 ⎭
```

故外境之色，唯是我识妄认，非有真实。

有如喜时，觉天地皆春。忧时，觉景物愁惨。于同一境中，

一喜一忧所见各异。既所见不同，故知是空。

上略举二义，未能详尽。

既知色空，其他无物质无阻碍之受想行识，谓为是空，可无疑矣。

照见者非肉眼所见，明见也。

度一切苦厄

苦，生死苦果。

厄，烦恼苦因。能厄缚众生。

此二皆由五蕴不空而起。由妄认五蕴不空，即生贪嗔痴等烦恼。由有烦恼，即种苦因，由种苦因，即有苦果。

度，苦照见五蕴皆空，自能解脱一切苦厄。解脱者，超出也。

舍利子等

以上为结经家叙引，以下乃正说般若。皆观自在菩萨所说，故先呼舍利子名。

舍利子

是佛之大弟子，舍利此云百舌鸟，其母辩才聪利，以此鸟为名。舍利子又依母为名，故名舍利子。以上皆依法业玄赞释。

色不异空空不异色色即是空空即是色

即前云五蕴皆空之真理，以五蕴与空对观，显明空义。

能知色不异空，无声色货利可贪，无五欲尘劳可恋。即出凡夫境界。能知空不异色，不入二乘涅槃，而化度众生。即出二乘

般若波羅蜜多心經

觀自在菩薩行深般若波羅蜜
多時照見五蘊皆空度一切苦厄
舍利子色不異空空不異色色即
是空空即是色受想行識亦復
如是舍利子是諸法空相不生不滅
不垢不淨不增不減是故空中無
色無受想行識無眼耳鼻舌身
意無色聲香味觸法無眼界乃
至無意識界無無明亦無無明
盡乃至無老死亦無老死盡無

《般若波罗蜜多心经》局部 | 赵孟頫

境界。如是乃菩萨之行也。

故应于不异与即是二义详研，不得仅观空之一边，乃善学般若者也。

不异——粗浅色与空互较不异。仍是二事。

即是——深密色与空相即。空依色，色依空，非空外色，非色外空。乃是一事。

受想行识亦复如是

{ 受想行识不异空，空不异受想行识。
{ 受想行识即是空，空即是受想行识。

依上所云不异即是二者观之，五蕴乃根本空，彻底空。

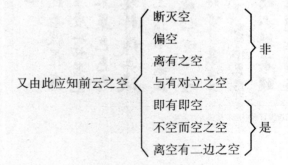

又由此应知前云之空

断灭空
偏空
离有之空
与有对立之空 } 非

即有即空
不空而空之空
离空有二边之空 } 是

舍利子是诸法空相

诸法，前言五蕴，此言诸法，无有异也。

空相，此相字宜注意，上段说诸法空性，此处说诸法空相。所谓空者，非是但空，是诸法之有上所显之空，是离空有二边之空。最宜注意。

《般若波罗蜜多心经》局部｜苏轼

不生不灭不垢不净不增不减

世间诸法，由凡夫观之(五蕴不空)有

$$
\begin{cases}
\left.\begin{array}{l}\text{出生}\\\text{消灭}\end{array}\right\}\text{体}\\[2ex]
\left.\begin{array}{l}\text{垢染}\\\text{清净}\end{array}\right\}\text{相}\\[2ex]
\left.\begin{array}{l}\text{增加}\\\text{减少}\end{array}\right\}\text{用}
\end{cases}
$$

菩萨依般若之妙用，既照见五蕴皆空，则无生灭诸相。故云"不生"等也。

五蕴不空→执著我见→起分别心→生灭等相。

五蕴空→不执著我见→不起分别心→诸法空相、不生不灭等。

由此可知生死即涅槃，烦恼即菩提，众生即佛，而不厌离生死，怖畏烦恼，舍弃众生。乃能证不生等境界。如此乃是菩萨，乃是般若，乃是自在。

是故空中无色无受想行识无眼耳鼻舌身意无色声香味触法无眼界乃至无意识界

以下广说五蕴皆空之义，分为三段

$$
\begin{cases}
\text{(一)空凡夫法(经文："是故空中无色，乃至无意识界。")}\\[1ex]
\text{(二)空二乘法(经文："无无明，乃至无苦集灭道。")}\\[1ex]
\text{(三)空大乘法(经文："无智亦无得，以无所得故。")}
\end{cases}
$$

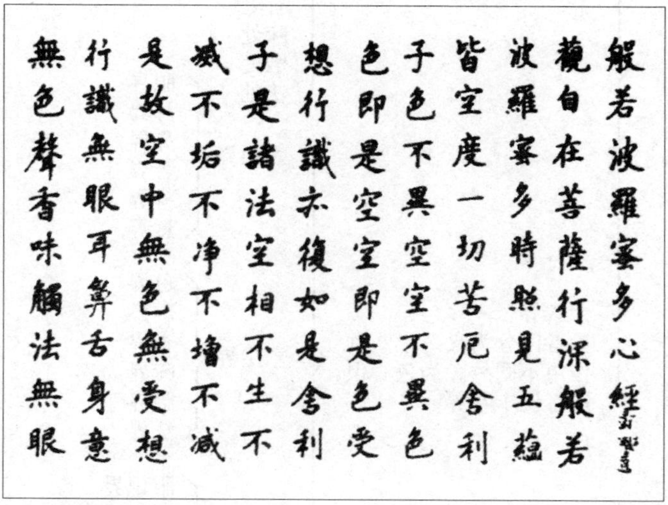

般若波羅蜜多心經

觀自在菩薩行深般若
波羅蜜多時照見五蘊
皆空度一切苦厄舍利
子色不異空空不異色
色即是空空即是色受
想行識亦復如是舍利
子是諸法空相不生不
滅不垢不淨不增不減
是故空中無色無受想
行識無眼耳鼻舌身意
無色聲香味觸法無眼

《般若波罗蜜多心经》局部 | 康熙皇帝

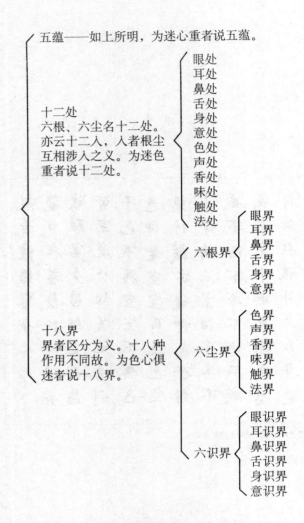

五蕴——如上所明，为迷心重者说五蕴。

十二处
六根、六尘名十二处。
亦云十二入，入者根尘
互相涉入之义。为迷色
重者说十二处。

眼处
耳处
鼻处
舌处
身处
意处
色处
声处
香处
味处
触处
法处

十八界
界者区分为义。十八种
作用不同故。为色心俱
迷者说十八界。

六根界
眼界
耳界
鼻界
舌界
身界
意界

六尘界
色界
声界
香界
味界
触界
法界

六识界
眼识界
耳识界
鼻识界
舌识界
身识界
意识界

虽分三科，皆总括一切法而说。因学者根器不同，而开合有异耳。

蕴、处、界三科经文
是故空中无色，无受想行识。
无眼耳鼻舌身意，无色声香味触法。
无眼界，乃至无意识界。

无无明亦无无明尽乃至无老死亦无老死尽　无苦集灭道

此乃空二乘法，上四句约缘觉言，下一句约声闻言。缘觉者，常观十二因缘而悟道。

声闻者，(闻佛声教)观四谛而悟道。

$$
\text{十二因缘}\begin{cases}
\begin{rcases}\text{无明}\\\text{行}\end{rcases}\text{过去所作之因}\\[2mm]
\begin{rcases}\text{识}\\\text{名色}\\\text{六入}\\\text{触}\\\text{受}\end{rcases}\text{现在所受之果}\\[2mm]
\begin{rcases}\text{爱}\\\text{取}\\\text{有}\end{rcases}\text{现在所作之因}\\[2mm]
\begin{rcases}\text{生}\\\text{老死}\end{rcases}\text{未来所受之果}
\end{cases}
$$

此十二因缘，乃说人生之生死苦果之起源及次序。藉流转、还灭二门以显示世间及出世间法。流转者，"无明"乃至"老死"之世间法。还灭者，"无明尽"乃至"老死尽"之出世间法。

若行般若者，世间法空，故经云："无无明"，"乃至无老死。"出世间法亦空，故经云："无无明尽"，"乃至无老死尽。"

$$
\text{四谛（谛者真也）}\begin{cases}
\text{苦谛　生死报……世间苦果}\\
\text{集谛　烦恼业……世间苦因}\\
\text{灭谛　涅槃果……出世间乐果}\\
\text{道谛　菩提道……出世间乐因}
\end{cases}
$$

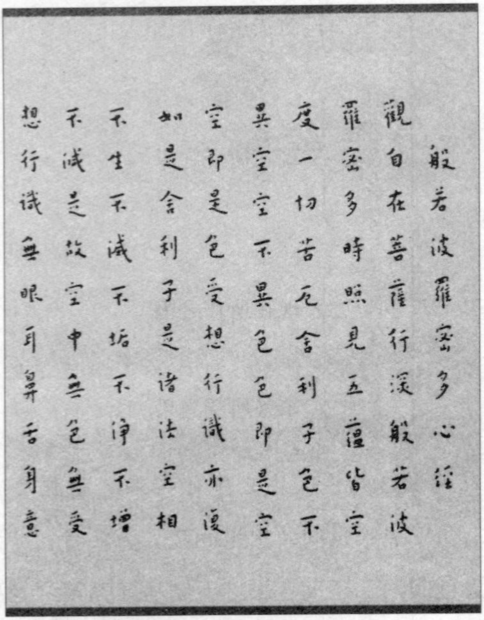

般若波羅蜜多心經

觀自在菩薩行深般若波

羅蜜多時照見五蘊皆空

度一切苦厄舍利子色不

異空空不異色色即是空

空即是色受想行識亦復

如是舍利子是諸法空相

不生不滅不垢不淨不增

不減是故空中無色無受

想行識無眼耳鼻舌身意

《般若波罗蜜多心经》局部 | 弘一法师

亦分二门，前二流转，后二还灭。若行般若者，世间及出世间法皆空，故经云："无苦集灭道。"

无智亦无得以无所得故

此乃空大乘法。

大乘菩萨求种种智，以期证得佛果。故超出声闻缘觉之境界。但所谓智，所谓得，皆不应执著。所谓智者，用以破迷。迷时说有智，悟时即不待言，故云"无智"。所谓得者，乃对未得而言。既得之后，便知此事本来具足，在凡不减，在圣不增，亦无所谓得，故云"无得"。

以无所得故一句，证其空之所以。

以上经文中，无字甚多，亦应与前空字解释相同。乃即有之无，非寻常有无之无也。若常人观之，以为无所得，则实有一无所得在，即有一无所提可得。非真无所得也。若真无所得或亦即是有所得。观下文所云佛与菩萨所得可知。

菩提萨埵乃至三藐三菩提

菩提萨埵等　说菩萨乘依般若而得之益。

三世诸佛等　说佛乘依般若而得之益。

菩提萨埵依般若波罗蜜多故心无挂礙故无有恐怖远离颠倒梦想究竟涅槃

菩提萨埵，即菩萨之具文。

想行識無眼耳鼻舌身意

無色聲香味觸法無眼界

乃至無意識界無無明亦

無無明盡乃至無老死亦

無老死盡無苦集滅道無

智亦無得以無所得故菩

提薩埵依般若波羅蜜多

故心無罣礙無罣礙故無

有恐怖遠離顛倒夢想究

竟涅槃三世諸佛依般若

《般若波罗蜜多心经》局部｜弘一法师

三世诸佛依般若波罗蜜多故得阿耨多罗三藐三菩提

阿耨多罗者，无上也。

三藐三菩提者，正等正觉也。

故知般若波罗蜜多是大神咒是大明咒是无上咒是无等等咒能除一切苦真实不虚

咒者，秘密不可思议，功能殊胜。此经是经，而今又称为咒者，极言其神效之速也。

是大神咒者，称其能破烦恼，神妙难测。

是大明咒者，称其能破无明，照灭痴暗。

是无上咒者，称其令因行满，至理无加。

是无等等咒者，称其令果德圆，妙觉无等。

真实不虚者，约般若体。

能除一切苦者，约般若用。

故说般若波罗蜜多咒即说咒曰揭谛揭谛波罗揭谛波罗僧揭谛菩提萨婆诃

以上说显了般若竟，此说秘密般若。

般若之妙义妙用，前已说竟。尚有难于言说思想者，故续说之咒文依例不释。但当诵持，自获利益。

岁次戊寅二月十八日写讫。依前人撰述略录。未及详审，所有误处，俟后改正。演音记。

戊寅三月在温陵大开元寺讲

竟涅槃三世諸佛依般若
波羅密多故得阿耨多羅
三藐三菩提故知般若波
羅密多是大神咒是大明
咒是無上咒是無等等咒
能除一切苦真實不虛故
說般若波羅密多咒即說
咒曰揭諦揭諦波羅揭諦
波羅僧揭諦菩提薩婆訶

《般若波罗蜜多心经》局部 ｜ 弘一法师

《华严经》读诵研习入门次第

读诵研习，宜并行之。今依文便，分为二章。每章之中，先略后广。学者根器不同，好乐殊致，应自量力，各适其宜可耳。龙集辛未首夏沙门亡言述。

第一章　读诵

若好乐简略者，宜读唐贞元译《华严经普贤行愿品》末卷（即是别行一卷，金陵版最善，共一册），唐清凉国师曰："今此一经，即彼四十卷中第四十也。而为华严关键，修行枢机，文约义丰，功高德广。能简能易，惟远惟深，可赞可传，可行可宝。" 故西域相传云："普贤行愿赞为略华严经，大方广佛华严经为广普贤行愿赞。"

或兼读唐译《华严经净行品》。清徐文蔚居士曰："当以净行一品为入手，以行愿末卷为归宿。"又曰："净行一品，念念不舍众生。夫至念念不舍众生，则我执不破而自破。纵未能真实利益众生，而是人心量则已超出同类之上。胜异方便，无以逾此。"

以上二种，宜奉为日课。此外，若欲读他品者，如下所记数品之中，或一或多，随力读之：《菩萨问明品》、《贤首品》、

《初发心功德品》、《十行品》、《十回向品初回向章》、《十忍品》、《如来出现品》（以上皆唐译）。

若欲读全经者，宜读唐译（扬州砖桥法藏寺版最善，共二十册）。徐居士曰："读全经至第五十九卷《离世间品》毕，宜接读贞元译《普贤行愿品》四十卷，共九十九卷，较为完全。盖《入法界品》，晋译十六卷，唐译二十一卷，皆非全文。贞元译本，乃为具足。不独末卷《十大愿王》为必读之文，即如第三十八卷《文殊答善财修真供养》一章，足与末卷《广修供养文》互相发明，同为要中之要。而晋、唐二译皆阙也（贞元译《普贤行愿品》亦法藏寺版，并十册）。"

若有余力者，宜兼读晋译（金陵版共十六册）。徐居士曰："晋译亦宜熟读。盖贤首以前诸祖师引述《华严》，皆用晋译。若不熟读，则莫知所指。"

第二章　研习

若好乐简略者，宜先阅《华严感应缘起传》（扬州版共一册）。

若欲参阅他种者，宜阅《华严悬谈》第七《部类品会》、第八《传译感通》二章（金陵版并八册，此二章载于卷二十五）。

全经大旨，《悬谈》第七"品会"抄文，已述其概。若更欲详知者，宜阅《华严吞海集》（金陵版共一册）。并宜略阅唐译全经一遍，乃可贯通。

若欲知《普贤行愿品》末卷大旨者，宜阅《普贤行愿品》第

《华严经》四言联

四十卷《疏》节录（附刊于下记之《华严纲要》后）。又读他品时，宜读《华严纲要》此品释文（北京版共三十二册）。

若更欲穷研者，宜依《大藏辑要·目录提要·华严部》所列者随力阅之（提要载于《天津居士林林刊》，又转载于绍兴《大云杂志》）。更益以此宗诸祖撰述等，兹不具录（徐居士近辑《续大藏辑要·目录提要·华严部》详载之）。

《华严合论》最后阅之。徐居士曰："所以劝学者研究《华严》，先《疏》后《论》者。以《疏》是疏体，解得一分即获一分之益，解得十分便获十分之益。终身穷之，而勿能尽。纵使全不能解，亦可受熏成种，有益而无损。《论》是论体，利根上智之上，读之有大利益。而初心学人，于各种经教既未深究，于《疏》、《钞》又未寓目，则于《论》旨未易领会。但就《论》文颟顸笼统读去，恐难免空腹高心之病。莲池大师谓：'统明大意，则方山专美于前；极深探赜，穷微尽玄，则方山得清凉而始为大备。'斯实千古定论，方山复起，不易斯言。"

泉州开元慈儿院讲录

我到闽南，已有十年，来到贵院，也有好几回，一回到院，都觉得有一番进步，这是使我很喜欢的。贵院各种课程，都有可观，其最使我满意赞叹的，就是早晚两堂课诵。古语道：人身难得，佛法难闻。诸生倘非夙有善根，怎得来这里读书，又复得闻佛法哩！今这样，真是好极了。诸生得这难得机缘，应各起欢喜心，深自庆幸才是。

我今讲本师释迦牟尼佛在因地中为法舍身几段故事给诸位听，现在先引《涅槃经》一段来说。释迦牟尼佛在无量劫前，当无佛法时代，曾作婆罗门，这位婆罗门，品格清高，与众不同，发心访求佛法。那时忉利天王在天宫瞧见，要试此婆罗门，有无真心，化为罗刹鬼，状极凶恶，来与婆罗门说法，但是仅说半偈（印度古代的习惯以四句为一偈）。婆罗门听了罗刹鬼所说的半偈很喜欢，要求罗刹再说后半偈，罗刹不肯。婆罗门力求，罗刹便向婆罗门道："你要我说后半偈，也可以，你应把身上的血给我饮，身上的肉给我吃，才可许你。"婆罗门为求法故，即时答应道："我甚愿将我身上的血肉给你。"罗刹以婆罗门既然诚恳地允许，便把后半偈说给他听。婆罗门得闻了后半偈，真觉心满意足，不特自己欢喜，并且把这偈书写在各处，遍传到人间去。

婆罗门在各处树木山岩上书写此四句偈后，为维持信用，便想应如何把自己肉血给罗刹吃呢？他就要跑上一棵很高很高的树上，跳跃下来，自谓可以丧了身命，便将血肉给罗刹吃。罗刹那时，看婆罗门不惜身命求法，心中十分感动，当婆罗门在高处舍身跃下，未坠地时，罗刹便现了天王的原形把他接住，这婆罗门因得不死。罗刹原系忉利天王所化，欲试试婆罗门的，今见婆罗门求法如此诚恳，自然是十分欢喜赞叹。若在婆罗门因志求无上正法，虽弃舍身命亦何所顾惜呢！刚才所说：婆罗门如此求法困难，不惜身命。诸位现在不要舍身，而很容易地得闻佛法，真是大可庆幸呀！

还有一段故事，也是《涅槃经》上说。过去无量劫时候，释迦牟尼佛，为一很穷困的人，当时有佛出世，见人皆先供养佛然后求法，己则贫穷无钱可供，他心生一计，愿以身卖钱来供佛，就到大街上去卖自己的身体。当在大街上喊卖身时，恰巧遇一病人，医生叫他每日应吃三两人肉，那病人看见有人卖身，便十分欢喜，因向贫人说："你每日给我三两人肉吃，我可以给你五枚金钱！"这位穷人，听了这话，与那病人商洽说：你先把五枚金钱拿来，我去买东西供养佛，求闻佛法，然后每日把我身上的肉割下给你吃。当时病人应允，即先付金钱。这穷人供佛闻法已毕，即天天以刀割身上的三两肉给病人吃，吃到一个月，病才痊愈。当穷人每天割肉的时候，他常常念佛所说的偈，精神完全贯注在法的方面，竟如没有痛苦，而且不久他的身体也就平复无恙了。这穷人因求法之故，发心做难行的苦行有如此勇猛。诸生现今在这院里求学，早晚皆得闻佛法，不但每日无须割去若干肉，

《如来雪山修道图》| 黄泽

如来，即如来佛祖，是佛教中西方世界的释迦牟尼尊者的另一称呼。

而且有衣穿，有饭吃，这岂不是很难得的好机缘吗？

再讲一段故事，出于《贤愚经》。释迦牟尼佛在因地时候，有一次身为国王，因厌恶终其身居于国王位，没有什么好处，遂发心求闻佛法。当时来了一位婆罗门，对这国王说："王要闻法，可能把身体挖一千个孔，点一千盏灯来供养佛吗？若能如此，便可为你说法。"那国王听婆罗门这句话，便慨然对他说："这有何难，为要闻法，情愿舍此身命，但我现有些少国事未了，容我七天，把这国事交下着落，便就实行。"到第七天，国事办完，王便欲在身上挖千个孔，点千盏灯，那时全国人民知道此事，都来劝阻。谓大王身为全国人民所依靠，今若这样牺牲，全国人民将何所赖呢？国王说："现在你们依靠我，我为你们做依靠，不过是暂时，是靠不住的，我今求得佛法，将来成佛，当先度化你们，可为你们永远的依靠，岂不更好，请大家放心，切勿劝阻。"那时国王马上就实行起来。呼左右将身上挖了一千孔，把油盛好，灯芯安好，欣然对婆罗门说："请先说法，然后点灯。"婆罗门答应，就为他说法。国王听了，无限地满足，便把身上一千盏灯，齐点起来，那时万众惊骇呼号。国王乃发大誓愿道："我为求法，来舍身命，愿我闻法以后，早成佛道，以大智慧光普照一切众生。"这声音一发，天地都震动了，灯光晃耀之下，诸天现前，即问国王："你身体如此痛苦，你心里也后悔吗？"国王答："绝不后悔。"后来国王复向空中发誓言："我这至诚求法之心，果能永久不悔，愿我此身体即刻回复原状。"话说未已，至诚所感，果然身上千个火孔，悉皆平复，并无些少创痕。刚才所说，闻法有如此艰难，诸生现在闻法则十分容易，

《释迦牟尼佛会》 | 清代 | 黎明 | 《法界源流图》局部

岂不是诸生有大幸福吗！自今以后，应该发勇猛精进心，勤加修习才是！

以前我曾居住开元寺好几次，即住在贵院的后面，早晚闻诸生念佛念经很如法，音声亦甚好听，每站在房门外听得高兴。因各种课程固好，然其他学校也是有的，独此早晚二堂课诵，是其他学校所无，而贵院所独有的，此皆是贵院诸职教员善于教导，和你们诸位努力，才有这十分美满的成绩，我希望贵院，今后能够继续精进努力不断地进步，规模益扩大，为全国慈儿院模范，这是我最后殷勤的希望。

戊寅二月吴栖霞记

药师如来法门略录

药师法门依据《药师经》而建立。此土所译《药师经》有四种：

一、《佛说灌顶拔除过罪生死得脱经》一卷，即《大灌顶神咒经》卷十二，东晋帛尸梨蜜多罗译。又相传有刘宋慧简译《药师琉璃光经》一卷，今已佚失，或云即是东晋所译之《灌顶经》。

二、佛说《药师如来本愿经》一卷，隋达摩笈多译。

三、《药师琉璃光如来本愿功德经》一卷，唐玄奘译。此即现今流通本所据之译本。现今流通本与原译本稍有不同者有增文两段，一为依东晋译本补入之八大菩萨名，二为依唐义净译本补入神咒及前后文二十余行。

四、《药师琉璃光七佛本愿功德经》二卷，唐义净译。前数译唯述药师佛，此译复增六佛，故云《七佛本愿功德经》，以外增加之文甚多。西藏僧众所读诵者为此本。

修持之法具如经文所载，今且举四种如下：

一、持名，经中屡云闻名持名，因其法最为简易其所获之益亦最为广大也。今人持名者皆曰消灾延寿药师佛似未尽善，佛名唯举药师二字未能具足。佛德唯举消灾延寿四字亦多所缺略，故须依据经文而曰药师琉璃光如来斯为最妥善矣。

《药师琉璃光佛会》│清代│丁观鹏│《法界源流图》局部

二、供养，如香华幡灯等。

三、诵经，及演说开示书写等。

四、持咒。

所获利益广如经文所载，今且举十种如下：

一、速得成佛，经中屡言之。

二、行邪道者令入正道，行小乘者令入大乘。

三、能得种种戒，又犯戒者还得清净不堕恶趣。

四、得长寿富饶官位男女等。

五、得无尽，所受用物无所乏少。

六、一切痛苦皆除，水火刀兵盗贼刑戮诸灾难等悉免。

七、转女成男。

八、产时无苦，生子聪明少病。

九、命终后随其所愿往生：

　　（一）人中，得大富贵。

　　（二）天上，不复更生诸恶趣。

　　（三）西方极乐世界，有八大菩萨接引。

　　（四）东方净琉璃世界。

十、在恶趣中暂闻佛名即生人道修诸善行速证菩提。

灵感事迹甚多如旧录所载，今且举近事一则如下：

泉州承天寺觉圆法师，于未出家时体弱多病，既出家后两年之内病苦缠绵诸事不顺。后得闻药师如来法门，遂专心诵经持名忏悔，精勤不懈，迄至于今，身体康健，诸事顺利。法师近拟编辑药师圣典汇集，凡经文疏释及仪轨等，悉搜集之，刊版流布，以报佛恩焉。

跋

曩余在清尘堂讲药师如来法门，后由诸善友印施讲录，其时经他人辗转抄写，颇有讹误。兹有觉圆法师捐资再版印行，请余校正原稿，广为流布。法师出家以来，于药师法门最为信仰，近拟于泉州兴建大药师寺，其愿力广大，尤足令人赞叹云。

沙门一音

戊寅七月在泉州清尘堂讲

药师如来法门一斑

今天所讲，就是深契时机的药师如来法门。我近年来，与人谈及药师法门时，所偏注重的有几样意思，今且举出，略说一下。

药师法门甚为广大，今所举出的几样，殊不足以包括药师法门的全体，亦只说是法门之一斑了。

一、维持世法

佛法本以出世间为归趣，其意义高深，常人每难了解。若药师法门，不但对于出世间往生成佛的道理屡屡言及，就是最浅近的现代实际上人类生活亦特别注重。如经中所说："消灾除难，离苦得乐，福寿康宁，所求如意，不相侵陵，互为饶益"等，皆属于此类。就此可见佛法亦能资助家庭社会的生活，与维持国家世界的安宁，使人类在这现生之中即可得到佛法的利益。

或有人谓佛法是消极的，厌世的，无益于人类生活的，闻以上所说药师法门亦能维持世法，当不致对于佛法再生种种误解了。

二、辅助戒律

佛法之中，是以戒为根本的，所以佛经说："若无净戒，诸善功德不生。"但是受戒容易,得戒为难,持戒不犯更为难。今若能依照药师法门去修持力行,就可以得到上品圆满的戒。假使于所受之戒有毁犯时,但能至心诚恳持念药师佛号并礼敬供养者,即可消除犯戒的罪,还得清净,不致再堕落在三恶道中。

三、决定生西

佛法的宗派非常之繁,其中以净土宗最为兴盛。现今出家人或在家人修持此宗,求生西方极乐世界者甚多。但修净土宗者,若再能兼修药师法门,亦有资助决定生西的利益。依《药师经》说:"若有众生能受持八关斋戒,又能听见药师佛名,于其临命终时,有八位大菩萨来接引往西方极乐世界众宝莲花之中。"依此看来,药师虽是东方的佛,而也可以资助往生西方,能使吾人获得决定往生西方的利益。

再者。吾人修净土宗的,倘能于现在环境的苦乐顺逆一切放下,无所挂碍,则固至善。但是切实能够如此的,千万人中也难得一二。因为我们是处于凡夫的地位,在这尘世之时,对于身体衣食住处等,以及水火刀兵的天灾人祸,在在都不能不有所顾虑,倘使身体多病,衣食住处等困难,又或常常遇着天灾人祸的危难,皆足为用功办道的障碍。若欲免除此等障碍,必须兼修药师法门以为之资助,即可得到《药师经》中所说"消灾除难离苦得乐"等种种利益也。

四、速得成佛

《药师经》,决非专说世间法的。因药师法门,唯是一乘

《白水精观世音》

速得成佛的法门。所以经中屡云："速证无上正等菩提，速得圆满"等。

若欲成佛，其主要的原因，即是"悲智"两种愿心。《药师经》云："应生无垢浊心，无怒害心，于一切有情起利益安乐慈悲喜舍平等之心"就是这个意思。前两句从反面转说，"无垢浊心"就是智心，"无怒害心"就是悲心。下一句正说，"舍"及"平等之心"就是智心，余属悲心。悲智为因，菩提为果，乃是佛法之通途。凡修持药师法门者，对于以上几句经文，尤宜特别注意，尽力奉行。

假使不如此，仅仅注意在资养现实人生的事，则唯获人天福报，与夫出世间之佛法了无关系。若是受戒，也不能得上品圆满的戒。若是生西，也不能往生上品。

所以我们修持药师法门的，应该把以上几句经文特别注意，依此发起"悲智"的弘愿。假使如此，则能以出世的精神来做世间的事业，也能得上品圆满的戒，也能往生上品，将来速得成佛可无容疑了。

药师法门甚为广大，上所述者，不过是我常对人讲的几样意思。将来暇时，尚拟依据全部经义，编辑较完备的药师法门著作，以备诸君参考。

最后，再就持念药师佛名的方法，略说一下。念佛名时，应依经文，念曰"南无药师琉璃光如来"，不可念消灾延寿药师佛。

己卯四月在永春普济寺讲

净土法门大意

今日在本寺演讲，适值念佛会期。故为说修净土宗者应注意的几项。

修净土宗者，第一须发大菩提心。《无量寿经》中所说三辈往生者，皆须发无上菩提之心。《观无量寿佛经》亦云，欲生彼国者，应发菩提心。

由是观之，唯求自利者，不能往生。因与佛心不相应，佛以大悲心为体故。

常人谓净土宗唯是送死法门（临终乃有用）。岂知净土宗以大菩提心为主。常应抱积极之大悲心，发救济众生之宏愿。

修净土宗者，应常常发代众生受苦心。愿以一肩负担一切众生，代其受苦。所谓一切众生者，非限一县一省，乃至全世界。若依佛经说，如此世界之形，更有不可说不可说许多之世界，有如此之多故。凡此一切世界之众生，所造种种恶业应受种种之苦，我愿以一人一肩之力完全负担。决不畏其多苦，请旁人分任。因最初发誓愿，决定愿以一人之力救护一切故。

譬如日。不以世界多故，多日出现。但一日出，悉能普照一切众生。今以一人之力，负担一切众生，亦如是。

以上但云以一人能救一切，是横说。若就竖说，所经之时间，

《南无秘密互普贤》｜清代｜黎明｜《法界源流图》局部

非一日数日数月数年。乃经不可说不可说久远年代，尽于未来，决不厌倦。因我愿于三恶道中，以身为抵押品，赎出一切恶道众生。众生之罪未尽，我决不离恶道，誓愿代其受苦。故虽经过极长久之时间，亦决不起一念悔心，一念怯心，一念厌心。我应生十分大欢喜心，以一身承当此利生之事业也。已上讲应发大菩提心竟。

至于读诵大乘，亦是观经所说。修净土法门者，固应诵《阿弥陀经》，常念佛名。然亦可以读诵《普贤行愿品》，回向往生。因经中最胜者，《华严经》。《华严经》之大旨，不出《普贤行愿品》第四十卷之外。此经中说，诵此普贤愿王者，能获种种利益，临命终时，此愿不离，引导往生极乐世界，乃至成佛。故修净土法门者，常读诵此《普贤行愿品》，最为适宜也。

至于做慈善事业，乃是人类所应为者。专修念佛之人，往往废弃世缘，懒做慈善事业，实有未可。因现生能做种种慈善事业，亦可为生西之资粮也。

就以上所说，第一劝大家应发大菩提心。否则他人将谓净土法门是小乘、消极的、厌世的、送死的。

复劝常读《行愿品》，可以助发增长大菩提心。若发心者，自无此讥评。

至于做慈善事业尤要。因既为佛徒，即应努力做利益社会种种之事业，乃能令他人了解佛教是救世、积极的。不起误会。

关于净土宗修持法，于诸书皆详载，无俟赘陈。故唯述应注意者数事，以备诸君参考。

壬申十月在厦门妙释寺讲

普劝净宗道侣兼持诵地藏经

予来永春，迄今一年有半。在去夏时，王梦惺居士来信，为言拟偕林子坚居士等将来普济寺，请予讲经。斯时予曾复一函，俟秋凉后即入城讲《金刚经》大意三日。及秋七月，予以掩关习禅，乃不果往。日昨梦惺居士及诸仁者入山相访，因雨小住寺院，今日适逢地藏菩萨圣诞，故乘此胜缘，为讲净宗道侣兼持诵《地藏经》要旨，以资纪念。

净宗道侣修持之法，固以净土三经为主。三经之外，似宜兼诵《地藏经》以为助行。因地藏菩萨，与此土众生有大因缘。而《地藏本愿经》，尤与吾等常人之根器深相契合。故今普劝净宗道侣，应兼持诵《地藏菩萨本愿经》。谨述旨趣于下，以备净宗道侣采择焉。

一、净土之于地藏，自昔以来，因缘最深。而我八祖莲池大师，撰《地藏本愿经》序，劝赞流通。逮我九祖蕅益大师，一生奉事地藏菩萨，赞叹弘扬益力。居九华山甚久，自称为"地藏之孤臣"。并尽形勤礼地藏忏仪，常持地藏真言，以忏除业障，求生极乐。又当代净土宗泰斗印光法师，于《地藏本愿经》尤尽力弘传流布，刊印数万册，令净业学者至心读诵，依教行持。今者窃遵净宗诸祖之成规，普劝同仁兼修并习。胜缘集合，盖非偶然。

二、地藏法门以三经为主。三经者，《地藏菩萨本愿经》，《地藏菩萨十轮经》，《地藏菩萨占察善恶业报经》。《本愿经》中虽未显说往生净土之义，然其他二经则皆有之。《十轮经》云："当生净佛国，导师之所居。"《占察经》云："若人欲生他方现在净国者，应当随彼世界佛之名字，专意诵念，一心不乱，如上观察者，决定得生彼佛净国。"所以我莲宗九祖蕅益大师，礼地藏菩萨占察忏时，发愿文云："舍身他世，生在佛前，面奉弥陀，历事诸佛，亲蒙授记，回入尘劳，普会群迷，同归秘藏。"由是以观，地藏法门实与净宗关系甚深，岂唯殊途同归，抑亦发趣一致。

三、《观无量寿佛经》，以修三福为净业正因。三福之首，曰孝养父母。而《地藏本愿经》中，备陈地藏菩萨宿世孝母之因缘。故古德称《地藏经》为"佛门之孝经"，良有以也。凡我同仁，常应读诵《地藏本愿经》，以副《观经》孝养之旨。并依教力行，特崇孝道，以报亲恩，而修胜福。

四、当代印光法师教人持佛名号求生西方者，必先劝信因果报应，诸恶莫做，众善奉行。然后乃云"仗佛慈力，带业往生。"而《地藏本愿经》中，广明因果报应，至为详尽。凡我同

《地藏菩萨像》｜清代｜黎明｜《法界源流图》局部

仁，常应读诵《地藏本愿经》，依教奉行，以资净业。倘未能深信因果报应，不在伦常道德上切实注意，则岂仅生西未能，抑亦三途有分。今者窃本斯意，普劝修净业者，必须深信因果，常检点平时所作所为之事。真诚忏悔，努力改过。复进而修持五戒十善等，以为念佛之助行，而作生西之资粮。

五、吾人修净业者，倘能于现在环境之苦乐顺逆一切放下，无所挂碍。依苦境而消除身见，以逆缘而坚固净愿，则诚甚善。但如是者，千万人中罕有一二。因吾人处于凡夫地位，虽知随分随力修习净业，而于身心世界犹未能彻底看破，衣食住等不能不有所需求，水火刀兵饥馑等天灾人祸亦不能不有所顾虑。倘生活困难，灾患频起，即于修行作大障碍也。今若能归信地藏菩萨者，则无此虑。依《地藏经》中所载，能令吾人衣食丰足，疾疫不临，家宅永安，所求遂意，寿命增加，虚耗辟除，出入神护，离诸灾难等。古德云，身安而后道隆。即是之谓。此为普劝修净业者，应归信地藏之要旨也。

以上略述持诵《地藏经》之旨趣。义虽未能详尽，亦可窥其梗概。唯冀净宗道侣，广为传布。于《地藏经》至心持诵，共获胜益焉。

庚辰地藏诞日在永春讲，王梦惺记

律学要略

我出家以来，在江浙一带并不敢随便讲经或讲律，更不敢赴什么传戒的道场，其缘故是因个人感觉着学力不足。三年来在闽南虽曾讲过些东西，自心总觉非常惭愧的。这次本寺诸位长者再三地唤我来参加戒期胜会，情不可却，故今天来与诸位谈谈，但因时间匆促，未能预备，参考书又缺少，兼以个人精神衰弱，拟在此共讲三天。今天先专为求授比丘戒者讲些律宗历史，他人旁听，虽不能解，亦是种植善根之事。

为比丘者应先了知戒律传入此土之因缘，及此土古今律宗盛衰之大概。由东汉至曹魏之初，僧人无归戒之举，唯剃发而已。魏嘉平年中，天竺僧人法时到中土，乃立羯磨受法，是为戒律之始。当是时可算是真实传授比丘戒的开始，渐渐达至繁盛时期。

大部之广律，最初传来的是《十诵律》，翻译斯部律者，系姚秦时的鸠摩罗什法师，庐山净宗初祖远公法师亦竭力劝请赞扬。六朝时此律最盛于南方。其次翻译的是《四分律》，时期和《十诵律》相去不远，但迟至隋朝乃有人弘扬提倡，至唐初乃大盛。第三部是《僧祇律》，东晋时翻译的，六朝时北方稍有弘扬者。刘宋时继《僧祇律》后，有《五分律》，翻译斯律之人，即是译六十卷《华严经》者，文精而简，道宣律师甚赞，可惜罕有人弘扬。至其后有《有部律》，乃唐武则天时义净法师的译著，即是西藏一带最通行的律。当初义净法师在印度有二十余年的历史，博学强记，贯通律学精微，非至印度之其他僧人所能及，实空前绝后的中国大律师。义净回国，翻译终毕，他年亦老了，不久即圆寂，以后无有人弘扬，可惜！可惜！此外诸部律论甚多，不遑枚举。

关于《有部律》，我个人起初见之甚喜，研究多年；以后因朋友劝告即改研《南山律》，其原因是《南山律》依《四分律》而成，又稍有变化，能适合吾国僧众之根器故。现在我即专就《四分律》之历史大略说些。

唐代是《四分律》最盛时期，以前所弘扬的是《十诵律》，《四分律》少人弘扬；至唐初《四分律》学者乃盛，共有三大派：一《相部律》，依法砺律师为主；二《南山律》，以道宣律师为主；三《东塔律》，依怀素律师为主。法砺律师在道宣之前，道宣曾就学于他。怀素律师在道宣之后，亦曾亲近法砺道宣二律师。斯律虽有三大派之分，最盛行于世的可算《南山律》了。南山律师著作浩如烟海，其中《行事钞》最负盛名，是时任何宗派之学者皆须研行事钞；自唐至宋，解者六十余家，唯灵芝

《弘一法师在绍兴》 ｜ 弘一法师的学生李鸿梁摄 ｜ 一九三一年

元照律师最胜，元照律师尚有许多其他经律的注释。元照后，律学渐渐趋于消沉，罕有人发心弘扬。

南宋后禅宗益盛，律学更无人过问，所有唐宋诸家的律学撰述数千卷悉皆散失；迨至清初，唯存《南山随机羯磨》一卷，如是观之，大足令人兴叹不已！明末清初有蕅益、见月诸大师等欲重兴律宗，但最可憾者，是唐宋古书不得见。当时蕅益大师著述有《毗尼事义集要》，初讲时人数已不多，以后更少；结果成绩颓然。见月律师弘律颇有成绩，撰述甚多，有解《随机羯磨》者，毗尼作持，与南山颇有不同之处，因不得见南山著作故！此外尚有最负盛名的《传戒正范》一部，从明末至今，传戒之书独此一部，传戒尚存之一线曙光，唯赖此书；虽与南山之作未能尽合，然其功甚大，不可轻视；但近代受戒仪轨，又依此稍有增减，亦不是见月律师传戒正范之本来面目了。

南宋至清七百余年，关于唐宋诸家律学撰述，可谓无存；清光绪末年乃自日本请还唐宋诸家律书之一部分，近十余年间，在天津已刊者数百卷。此外续藏经中所收尚未另刊者，犹有数百卷。

今后倘有人发心专力研习弘扬，可以恢复唐代之古风，凡蕅益、见月等所欲求见者今悉俱在；我们生此时候，实比蕅益、见月诸大师幸福多多。

但学律非是容易的事情，我虽然学律近二十年，仅可谓为学律之预备，窥见了少许之门径；再预备数年，乃可着手研究，以后至少须研究二十年，乃可稍有成绩。奈我现在老了，恐不能久住世间，很盼望你们有人能发心专学戒律，继我所未竟之志，则至善矣。

我们应知道：现在所流通之传戒正范，非是完美之书，何况更随便增减，所以必须今后恢复古法乃可；此皆你们的责任，我甚希望大家共同勉励进行！

今天续讲三皈、五戒，乃至菩萨戒之要略。

三皈、五戒、八戒、沙弥沙弥尼戒、式叉摩那戒、比丘比丘尼戒、菩萨戒等，就普通说，菩萨戒为大乘，余皆小乘，但亦未必尽然，应依受者发心如何而定。我近来研究南山律，内中有云："无论受何戒法，皆要先发大乘心。"由此看来，哪有一种戒法专名为小乘的呢！再就受戒方法论，如：三皈、五戒、沙弥沙弥尼戒，皆用三皈依受；至于比丘比丘尼戒、菩萨戒，则须依羯磨文受；又如式叉摩那，则是作羯磨与学戒法，不是另外得戒，与上不同。再依在家出家分之：就普通说，在家如三皈、五戒、八戒等，出家如沙弥比丘等，实而言之，三皈、五戒、八戒，皆通在家出家。诸位听着这话，或当怀疑，今我以例证之，如：明灵峰蕅益大师，他初亦受比丘戒，后但退作三皈人，如是言之，只有三皈亦可算出家人。

又若单五戒亦可算出家人，因剃发以后，必先受五戒，后再受沙弥戒，未受沙弥戒前，止是五戒之出家人。故五戒通于在家出家，有在家优婆塞、出家优婆塞之别；例如：明蕅益大师之大弟子成时、性旦二师，皆自称为出家优婆塞。成时大师为编辑《净土十要》及《灵峰宗论》者，性旦大师为记录弥陀要解者，皆是明末的高僧。

八戒何为亦通在家出家？《药师经》中说：比丘亦可受八戒，比丘再受八戒为欲增上功德故。这样看起来，八戒亦通于僧俗。

以上略判竟，以下一一分别说之。

三皈：不属于戒，仅名三皈。三皈者：皈依佛，皈依法，皈依僧。未受以前必须要了解三皈道理，并非糊里糊涂地盲从瞎说，如这样子皆不得三皈。

所谓三宝有四种之别，一理体三宝，二化相三宝，三住持三宝，四一体三宝。尽讲起来很深奥复杂，现在且专就住持三宝来说。三宝意义是什么？佛，法，僧。所谓佛即形像，如：释迦佛像、药师佛像、弥陀佛像等；法即佛所说之经，如：《法华经》、《楞严经》等，皆佛金口所流露出来之法；僧即出家剃发受戒有威仪之人。以上所说佛、法、僧道理，可谓最浅近，诸位谅皆能明了吧。

皈依即回转的意义，因前背舍三宝，而今转向三宝，故谓之皈依。但无论出家在家之人，若受三皈时，最重要点有二：第一要注意皈依三宝是何意义？第二当受三皈时，师父所说应当十分明白，或师父所讲的话，全是文言不能了解，如是决不能得三皈；或隔离太远，听不明白亦不得三皈；或虽能听到大致了解，其中尚有一二怀疑处，亦不得三皈。又正授之时，即是"皈依佛"、"皈依法"、"皈依僧"三说，此最要紧，应十分注意；以后之"皈依佛竟"，"皈依法竟"，"皈依僧竟"，是名三结，无关紧要；所以诸位发心受戒，应先了知三皈意义，又当正授时，要在先"皈依佛"等三语注意，乃可得三皈。

以上三皈说已。下说五戒。

五戒：就五戒言，亦要请师先为说明。五戒者：杀，盗，淫，妄，酒。当师父说明五戒意义时，切要用白话，浅近明了，

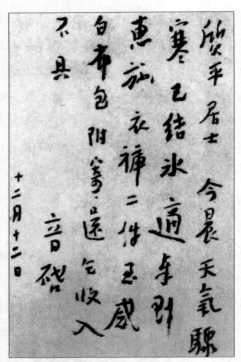

质平居士 今晨 天气骤
寒 已结冰 适季刊
惠施 衣裤二件 至感
白布包附寄 递包收入
不具

十二月十二日   音启

《致刘质平信札》| 弘一法师

李叔同出家后，刘质平以供养恩师为己任。此札是刘质平寄赠寒衣之后弘一法师寄回衣物时在包裹上附的函。信的字迹稚拙而老辣，是典型的「弘一体」。

使人易懂。受戒者听毕，应先自思量如是诸戒能持否，若不能全持，或一，或二，或三，或四，皆可随意；宁可不受，万不可受而不持！且就杀生而论，未受戒者，犯之本应有罪，若已受不杀戒者犯之，则罪更加重一倍，可怕不可怕呢！你们试想一想，如果不能受持，勉强敷衍，实是自寻烦恼！据我思之：五戒中最容易持的，是：不邪淫，不饮酒；诸位可先受这两条最为稳当；至于杀与妄语，有大小之分，大者虽不易犯，小者实为难持；又五戒中最为难持的莫如盗戒，非于盗戒戒相研究十分明了之后，万不可率尔而受。所以我盼望诸位对于盗戒一条缓缓再说，至要！至要！但以现在传戒情形看起来，在这许多人众集合场中，实际上是不能如上一一别受；我想现在受五戒时，不妨合众总受五戒，俟受戒后，再自己斟酌取舍，亦未为不可；于自己所不能奉持的数条，可以在引礼师前或俗人前舍去，这样办法，实在十分妥当，在授者减麻烦，诸位亦可免除烦恼。另外还有一句要紧的话，倘有人怀疑于此大众混杂扰乱之时，心中不能专一注想，或恐犹未得戒者，不妨请性愿老法师或其他善知识，再为重授一次，他们当即慈悲允许。诸位！你们万不可轻视三皈五戒！我有句老实话对诸位说：菩萨戒不是容易得的，沙弥戒及比丘戒是不能得的，无论出家或在家人所希望者，唯有三皈五戒，我们倘能得三皈五戒，那就是很好的了。因受持五戒，来生定可为人；既能持五戒，再说念阿弥陀佛名号，求生西方，临终时定能往生西方极乐世界，岂不甚好。就我自己而论，对于菩萨戒是有名无实，沙弥戒及比丘戒决定未得；即以五戒而言，亦不敢说完全，止可谓为出家多分优婆塞而已。这是实话。所以我盼望诸位要注意三皈五戒；当受五戒，应知于前说三皈正得戒体，最宜注意；后说五戒戒相为附属之文，不是在此时得戒。又须请师先为说明五戒之广狭；例如：饮酒一戒，不唯不饮泉州酒店之酒，凡尽法界虚空界之戒缘境酒，皆不可饮。杀，盗，淫，妄，亦复如是。所以受戒功德普遍法界，实非人力所能思议。

宝华山见月律师所编三皈五戒正范，所有开示多用骈体文，闻者万不能了解，等于虚文而已；最好请师译成白话。此外我更附带言之：近有为人授五戒者于不饮酒后加不吸烟一句，但这不吸烟可不必加入；应另外劝告，不应加入五戒文中。

以上说五戒毕，以下讲八戒。

八戒：具云八关斋戒。"关"者禁闭非逸，关闭所有一切非善事。"斋"是清的意思，绝诸一切杂想事。八关斋戒本有九条，因其中第七条包含两条，故合计为八条。前五与五戒同，后三条是另加的。后加三者，即：第六，华香璎珞香油涂身，这是印度美丽装饰之风俗，我国只有花香，并无璎珞等；但所谓香如吾国香粉、香水、香牙粉、香牙膏及香皂等，皆不可用。

第七，高胜床上坐，作倡伎乐故往观听。这就是两条合为一条的；现略为分析："高"是依佛制度，坐卧之床脚，最高不能超过一尺六寸；"胜"是指金银牙角等之装饰，此皆不可。但在他处不得已的时候，暂坐可开：佛制是专为自制的须结正罪，如别人已作成功的不是自制的，罪稍轻。作倡伎乐故往观听，音乐影戏等皆属此条；所谓故往观听之"故"字要注意，于无意中偶然听到或看见的不犯。以上高胜床上坐，作倡伎乐故往观听，共合为一条。受八关斋戒的人，皆不可为。

第八，非时食。佛制受八关斋戒后，自黎明至正午可食，倘

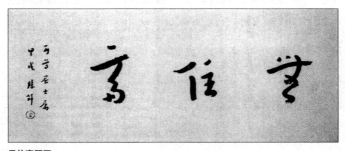

无住斋题匾

『无住』为佛教说法：『法无自性，无自性，故无所住，随缘而起，故云无住。』此匾为夏丏尊嘱书，后为夏氏之女收藏。

越时而食，即叫做非时食。即平常所说的"过午不食。"但正午后，不单是饭等不可食，如牛奶水果等均不可用。如病重者，于不得已中，可在大家看不到地方开食粥等。

受八关斋戒，普通于六斋日受；六斋日者，即：初八，十四，十五，廿三，及月底最后二日；倘能发心日日受，那是最好不过了。受时要在每天晨起时，期限以一日一夜——天亮时至夜，夜至明早。——受八关斋戒后，过午不食一条，应从今天正午后至明日黎明时皆不可食。又八戒与菩萨戒比较别的戒有区别；因为八戒与菩萨戒，是顿立之戒。（但上说的菩萨戒，是局就梵网璎珞等而说的；若依瑜伽戒本，则属于渐次之戒。）这是什么缘故呢？未受五戒、沙弥戒、比丘戒，皆可即受菩萨戒或八戒，故曰顿立；若渐次之戒，必依次第，如先五戒，次沙弥戒，次比丘戒，层层上去的。以上所说八关斋戒，外江居士受的非常之多；我想闽南一带，将来亦应当提倡提倡！若嫌每月六日太多，可减至一日或两日亦无不可；因仅受一日，即有极大功德，何况六日全受呢！

沙弥戒：沙弥戒诸位已知道了吧？此乃正戒，共十条。其中九条同八戒，另加手不捉钱宝一条，合而为十。但手不捉钱宝一条，平常人不明白，听了皆怕；不知此不捉钱宝是易持之戒，律中有方便办法，叫做"说净"，经过说净的仪式后，亦可照常自己捉持：最为繁难者，是正戒十条外于比丘戒亦应学习，犯者结罪。我初出家时不晓得，后来学律才知道。这样看起来，持沙弥戒亦是不容易的一回事。

沙弥尼戒：即女众，法戒与沙弥同。

式叉摩那戒 ：梵语式叉摩那，此云学法女；外江各丛林，皆谓在家贞女为式叉摩那，这是错误的。闽南这边，那年开元寺传戒时，对于贞女不称式叉摩那，只用贞女之名，这是很通；平常人多不解何者为式叉摩那，我现在略为解释一下：

哪一种人可以受式叉摩那戒呢？要已受沙弥尼戒的人于十八岁时，受式叉摩那法，学习两年，然后再受比丘尼戒；因为佛制二十岁乃可受戒，于十八岁时，再学两年正当二十岁。于两年学习时，僧作羯磨，与学戒法；两年学毕乃可受比丘尼戒；但式叉摩那要学三法：一学根本法，——即四重戒。二学六法，——染心相触，盗减五钱，断畜命，小妄语，非时食，饮酒。三学行法，——大尼诸戒，及威仪。

此仅是受学戒法，非另外得戒，故与他戒不同。以下讲比丘戒。

比丘戒：因时间很短，现在不能详细说明，唯有几句要紧话先略说之：

我们生此末法时代，沙弥戒与比丘戒皆是不能得的，原因甚多甚多！今且举出一种来说，就是没有能授沙弥戒比丘戒的人；若受沙弥戒，须二比丘授，比丘戒至少要五比丘授；倘若找不到比丘的话，不单比丘戒受不成，沙弥戒亦受不成。我有一句很伤心的话要对诸位讲：从南宋迄今六七百年来，或可谓僧种断绝了！以平常人眼光看起来，以为中国僧众很多，大有达至几百万之概；据实而论，这几百万中，要找出一个真比丘，怕也是不容易的事！如此怎样能受沙弥比丘戒呢？既没有能授戒的人，如何会得戒呢？我想诸位听到这话，心中一定十分扫兴；或以为既不

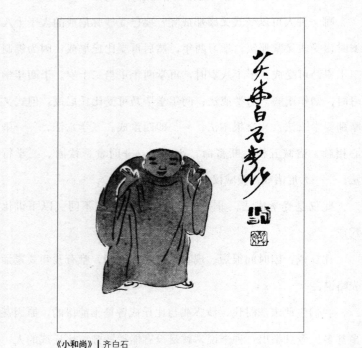

《小和尚》| 齐白石

得戒，我们白吃辛苦，不如早些回去好，何必在此辛辛苦苦做这种极无意味的事情呢？但如此怀疑是大不对的：我劝诸位应好好地、镇静地在此受沙弥戒比丘戒才是！虽不得戒，亦能种植善根，兼学种种威仪，岂不是好；又若想将来学律，必先挂名受沙弥比丘戒，否则以白衣学律，必受他人讥评：所以你们在这儿发心受沙弥比丘戒是很好的！

这次本寺诸位长老唤我来讲律学大意，我感着有种种困难之点；这是什么缘故？比方我在这儿，不依据佛所说的道理讲，一味地随顺他人顾惜情面敷衍了事，岂不是我害了你们吗！若依实在的话与你们讲，又恐怕因此引起你们的怀疑；所以我觉着十分困难。因此不得已，对于诸位分作两种说法：（一）老实不客气地，必须要说明受戒真相，恐怕诸位出戒堂后，妄自称为沙弥或比丘，致招重罪，那是不得了的事情！我有种比方，譬如：泉州这地方有司令官等，不识相的老百姓亦自称我是司令官，如司令官等听到，定遭不良结果，说不定有枪毙之危险！未得沙弥比丘戒者，妄自称为沙弥或比丘，必定遭恶报，亦就是这个道理。我为着良心的驱使，所以要对诸位说老实话。（二）以现在人情习惯看起来，我总劝诸位受戒，挂个虚名，受后俾可学律；不然，定招他人诽谤之虞；这样的说，诸位定必明了吧。

更进一层说，诸位中若有人真欲绍隆僧种，必须求得沙弥比丘戒者，亦有一种特别的方法；即是如蕅益大师礼占察忏仪，求得清净轮相，即可得沙弥比丘戒；除此以外，无有办法。故蕅益大师云："末世欲得净戒，舍此占察轮相之法，更无别途。"因为得清净轮相之后，即可自誓总受菩萨戒而沙弥比丘戒皆包括在内，以后即可称为菩萨比丘。礼占察忏得清净轮相，虽是极不容易的事，倘诸位中有真发大心者，亦可奋力进行，这是我最希望你们的。以下说比丘尼戒：

比丘尼戒：现在不能详说。依据佛制，比丘尼戒要重复受两次；先依尼僧授本法，后请大僧正授，但正得戒时，是在大僧正授时；此法南宋以后已不能实行了。最后说菩萨戒：

菩萨戒：为着时间关系，亦不能详说。现在略举三事：

（一）要有菩萨种性，又能发菩提心，然后可受菩萨戒。什么是种性呢？就简单来说，就是多生以来所成就的资格。所以当受戒时，戒师问："汝是菩萨否？"应答曰："我是菩萨！"这就是菩萨种性。戒师又问："既是菩萨，已发菩提心否？"应答曰："已发菩提心。"这就是发菩提心。如这样子才能受菩萨戒。

（二）平常人受菩萨戒者皆是全受；但依璎珞本业经，可以随身分受，或一或多；与前所说的受五戒法相同。（三）犯相重轻，依旧疏新疏有种种差别，应随个人力量而行；现以例说，如：妄语戒，旧疏说大妄语乃犯波罗夷罪，新疏说，小妄语即犯波罗夷罪。至于起杀盗淫妄之心，即犯波罗夷，乃是为地上菩萨所制。

我等凡夫是做不到的。

所谓菩萨戒虽不易得，但如有真诚之心，亦非难事；且可自誓受，不比沙弥比丘戒必须要请他人授；因为菩萨戒、五戒、八戒皆可自誓受，所以我们颇有得菩萨戒之希望！

今天律学要略讲完，我想在其中有不妥当处或错误处，还请诸位原谅。最后我尚有几句话：诸位在此受戒很好。在近代说，如外江最有名望的地方，虽有传戒，实不及此地完备，这是这里办事很有热心，很有精神，很有秩序，诚使我佩服，使我赞美。就以讲律来说，此地戒期中讲沙弥律、比丘戒本、梵网经，他方是难有的。几年前泉州大开元寺于戒期中提倡讲律，大家皆说是破天荒的举动。本寺此次传戒之美备，实与数年前大开元寺相同；并有露天演讲，使外人亦有种植善根之机缘，诚办事周到之处。本年天灾频仍，泉州亦不在例外，在人心惨痛、境遇萧条的状况中，本寺居然以极大规模，很圆满地开戒，这无非是诸位长老及大护法的道德感化所及；我这次到此地，心实无限欢喜，此是实话，并非捧场；此次能碰着这大机缘与诸位相聚，甚慰衷怀，最后还要与诸位恭喜。

乙亥十一月在泉州承天寺律仪法会讲，万泉记

《李叔同歌曲集》封面｜丰子恺

附：李叔同诗词选

（中国）李叔同　著

送　别

长亭外，古道边，
芳草碧连天。
晚风拂柳笛声残，
夕阳山外山。

天之涯，地之角，知交半零落。
一斛浊酒尽余欢，今宵别梦寒。

长亭外，古道边，
芳草碧连天。
晚风拂柳笛声残，
夕阳山外山。

春　游

春风吹面薄于纱，
春人妆束淡于画，
游春人在画中行，
万花飞舞春人下。
梨花淡白菜花黄，
柳花委地芥花香，
莺啼陌上人归去，
花外疏钟送夕阳。

早 秋

十里明湖一叶舟，
城南烟月水西楼，
几许秋容娇欲流，
隔着垂杨柳。

远山明净眉尖瘦，
闲云飘忽罗纹绉，
天末凉风送早秋，
秋花点点头。

《南屏雅集图》|明代|戴进|游西湖图

悲　秋

西风乍起黄叶飘，
日夕疏林杪。
花事匆匆，梦影迢迢，
零落凭谁吊。

镜里朱颜，愁边白发，
光阴催人老。
纵有千金，纵有千金，
千金难买年少。

忆儿时

春去秋来，岁月如流，游子伤漂泊。

回忆儿时，家居嬉戏，光景宛如昨。

茅屋三椽，老梅一树，树底迷藏捉。

高枝啼鸟，小川游鱼，曾把闲情托。

儿时欢乐，斯乐不可作。

哀祖国

[刊于一九〇五年李叔同编《国学唱歌集》。]

小雅尽废兮，

出车采薇矣。

豺狼当途兮，

人类其非矣。

凤鸟兮，河图兮。

梦想为劳矣。

冉冉老将至兮，

甚矣吾哀矣。

梦

哀游子茕茕其无依兮，在天之涯。唯长夜漫漫而独寐兮，时恍惚以魂驰。梦偃卧摇篮以啼笑兮，似婴儿时。母食我甘饴与粉饵兮，父衣我以彩衣。

哀游子怆怆而自怜兮，吊形影悲。唯长夜漫漫而独寐兮，时恍惚以魂驰。梦挥泪出门辞父母兮，叹生别离。父语我眠食宜珍重兮，母语我以早归。

月落乌啼，梦影依稀，往事知不知？泪半生哀乐之长逝兮，感亲之恩其永垂。

月　夜

纤云四卷银河净，梧叶萧疏摇月影；

剪径凉风阵阵紧，暮鸦栖止未定。

万里空明人意静，

呀！是何处，敲彻玉磬，一声声清越度幽岭。

呀！是何处，声相酬应，是孤雁寒砧并。

想此时此际，幽人应独醒，倚栏风冷。

秋　夜

日落西山，一片罗云隐去。

万种情怀，安排何处?

却妆出嫦娥，玉宇琼楼缓步。

天高气清，满庭风露。

问耿耿银河，有谁引渡。

四壁凉蛩，如来相语。

尽遣了闲愁，聊共月华小住。

如此良宵，人生难遇!

寒蝉吟罢，蓦然萤火飞流。

夜凉如水，月挂帘钩。

爱星河皎洁，今宵雨敛云收。

虫吟侑洒，扫尽闲愁。

听一枝长笛，有谁人倚楼。

天涯万里，情思悠悠。

好安排枕簟，独寻睡乡优游。

金风飒飒，底事悲秋?

落 花

纷，纷，纷，纷，纷，纷……
唯落花委地无言兮，化作泥尘。
寂，寂，寂，寂，寂，寂……
何春光长逝不归兮，永绝消息。
忆春风之日暝，芳菲菲以争妍。
既乘荣以发秀，倏节易而时迁。
春残，览落红之辞枝兮，伤花事其阑珊；
已矣！春秋其代序以递嬗兮，俯念迟暮。

荣枯不须臾，盛衰有常数；
人生之浮华若朝露兮，泉壤兴衰；
朱华易消歇，青春不再来。

囚徒之歌

人在牢狱，终日愁欷。

鸟在樊笼，终日悲啼。

聆此哀音，凄入心脾。

何如放舍，任彼高飞。

清凉歌

清凉月，

月到天心，光明殊皎洁。

今唱清凉歌，心地光明一笑呵！

清凉风，

凉风解愠，暑气已无踪。

今唱清凉歌，热恼消除万物和！

清凉水，

清水一渠，涤荡诸污秽。

今唱清凉歌，身心无垢乐如何？

清凉，清凉，无上究竟真常！

月

仰碧空明明，朗月悬太清；

瞰下界扰扰，尘欲迷中道；

唯愿灵光普万方，

荡涤垢滓扬芬芳，

虚缈无极，圣洁神秘，

灵光常仰望！

唯愿灵光普万方，

荡涤垢滓扬芬芳，

虚缈无极，圣洁神秘，灵光常仰望！

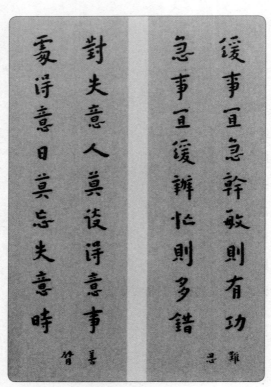

緩事宜急幹敏則有功 難

急事宜緩辦忙則多錯 忍

對失意人莫談得意事 善

豪得意日莫忘失意時 質

《九字格言屏》 | 弘一法师

附：**格言**

（中国）李叔同 编

学问类

凛闲居以体弱。卜动念以知几。谨威仪以定命。敦大伦以凝道。备百行以考德。迁善改过以作圣（刘忠介《人谱》六条）。观天地生物气象。学圣贤克己工夫。

存养类

宜静默。宜从容。宜谨严。宜俭约。

德退是保身第一法。安详是处事第一法。涵容是待人第一法。恬淡是养心第一法。

刘念台云：涵养全得一缓字。凡言语动作皆是。应事接物，常觉得心中有从容闲暇时，才见涵养。

刘念台云：易喜易怒。轻言轻动。只是一种浮气用事。此病根最不小。

吕新吾云：心平气和四字，非有涵养者不能做。工夫只在个定火。

陈榕门云：定火工夫，不外以理制欲。理胜，则气自平矣。

以和气迎人则乖沴灭。以正气接物则妖气消。以浩气临事则疑畏释。以静气养身则梦寐恬。

轻当矫之以重。浮当矫之以实。褊当矫之以宽。躁急当矫之以和缓。刚暴当矫之以温柔。浅露当矫之以沉潜。褊刻当矫之以浑厚。

尹和清云：莫大之祸，皆起于须臾之不能忍。不可不谨。

逆境顺境，看襟度。临喜临怒，看涵养。

自家有好处，要掩藏几分，这是涵育以养深。别人不好处，要掩藏几分，这是浑厚以养大。

以虚养心。以德养身。以仁养天下万物。以道养天下万世。

一动于欲，欲速则昏。一任乎气，气偏则戾。

刘直斋云：存心养性，须要耐烦耐苦，耐惊耐怕，方得纯熟。

寡欲故静。有主则虚。

不为外物所动之谓静。不为外物所实之谓虚。

敬守此心则心定。敛抑其气则气平。

青天白日的节义，自暗室屋漏中培来。旋乾转坤的经纶，自临深履薄处得力。

气忌盛。心忌满。才忌露。

意粗性躁，一事无成。心平气和，千祥骈集。

冲繁地，顽钝人，拂逆时，纷杂事。此中最好养火。若决烈愤激，不但无益。而事卒以偾，人卒以怨，我卒以无成。是谓至愚。耐得过时，便有无限受用处。人性褊急则气盛，气盛则心粗，心粗则神昏。乖舛谬戾，可胜言哉。

自处超然，处人蔼然。无事澄然，有事斩然。得意淡然，失意泰然。

持躬类

聪明睿知，守之以愚。道德隆重，守之以慎。

富贵，怨之府也；才能，身之灾也；声名，谤之媒也；欢乐，悲之渐也。

只是常有惧心，退一步做，见益而思损，持满而思溢，则免于祸。

人生最不幸处，是偶一失言而祸不及，偶一失谋而事幸行，偶一恣行而获小利。后乃视为故常，而恬不为意。则莫大之患，由此生矣。

学一分退让，讨一分便宜。增一分享用，减一分福泽。

不自重者取辱。不自畏者招祸。

盖世功劳，当不得一个矜字。弥天罪恶，当不得一个悔字。

事当快意处，须转。言到快意时，须住。

殃咎之来，未有不始于快心者。故君子得意而忧，逢喜而惧。

物忌全胜。事忌全美。人忌全盛。

安莫安于知足。危莫危于多言。

行己恭。责躬厚。接众和。立心正。进道勇。择友以求益。改过以全身。

心不妄念，身不妄动，口不妄言，君子所以存诚。内不欺己，外不欺人，上不欺天，君子所以慎独。

心术以光明笃实为第一。容貌以正大老成为第一。言语以简重真切为第一。

平生无一事可瞒人，此是大快乐。

以情恕人。以理律己。

以恕己之心恕人，则全交。以责人之心责己，则分过。

唐荆川云：须要刻刻检点自家病痛。盖所恶于人许多病痛处，若真知反己，则色色有之也。

缓字可以免悔。退字可以免祸。

大著肚皮容物。立定脚跟做人。

尽前行者地步窄。向后看者眼界宽。

花繁柳密处拨得开，方见手段。风狂雨骤时立得定，才是脚跟。

人当变故之来，只宜静守，不宜躁动。即使万无解救，而志正守确，虽事不可为，而心终可白。否则必致身败而名亦不保，非所以处变之道。

步步占先者，必有人以挤之。事事争胜者，必有人以挫之。

度量如海涵春育。持身如玉洁冰清。襟抱如光风霁月。气概如乔岳泰山。

心志要苦，意趣要乐。气度要宏，言动要谨。

书有未曾经我读。事无不可对人言。

心思要缜密，不可琐屑。操守要严明，不可激烈。

聪明者戒太察。刚强者戒太暴。

以淡字交友。以聋字止谤。以刻字责己。以弱字御侮。

居安虑危。处治思乱。

事事难上难，举足常虞失坠。件件想一想，浑身都是过差。

怒宜实力消融。过要细心检点。

事不可做尽。言不可道尽。

胡文定公云：人家最不要事事足意，常有些不足处方好。才事事足意，便有不好事出来。历试历验。

邵康节诗云：好花看到半开时，最为亲切有味。

精细者，无苛察之心。光明者，无浅露之病。

识不足则多虑。威不足则多怒。信不足则多言。

足恭伪态，礼之贼也。苛察歧疑，智之贼也。

敦品类

敦诗书，尚气节，慎取与，谨威仪。此惜名也。竞标榜，邀权贵，务矫激，习模棱。此市名也。惜名者静而休。市名者躁而拙。

辱身丧名，莫不由此。求名适所以坏名。名岂可市哉。

处事类

处难处之事，愈宜宽。处难处之人，愈宜厚。处至急之事，愈宜缓。

必有容，德乃大。必有忍，事乃济。

吕新吾云：做天下好事。既度德量力，又审势择人。专欲难成，众怒难犯，此八字不独妄动邪为者宜慎。虽以至公无私之心，行正大光明之事，亦须调剂人情，兹明事理，俾大家信从，然后动有成，事可久。盖群情多暗于远识，小人不便于私己，群起而坏之，虽有良法，胡成胡久。

强不知以为知，此乃大愚。本无事而生事，是谓薄福。

白香山诗云：我有一言君记取，世间自取苦人多。

无事时，戒一偷字。有事时，戒一乱字。

刘念台云：学者遇事不能应，总是此心受病处。只有炼心法，更无炼事法。炼心之法，大要只是胸中无一事而已。无一事，乃能事事。此是主静工夫得力处。

处事大忌急躁。急躁则先自处不暇，何暇治事。

论人当节取其长，曲谅其短。做事必先审其害，后计其利。

无心者公。无我者明。

接物类

持己当从无过中求有过，非独进德，亦且免患。待人当于有过中求无过，非但存厚，亦且解怨。

何以息谤，曰无辩。何以止怨，曰不争。

人之谤我也，与其能辩，不如能容。人之侮我也，与其能防，不如能化。

张梦复云：受得小气，则不至于受大气。吃得小亏，则不至于吃大亏。

又云：凡事最不可想占便宜。便宜者，天下人之所共争也。我一人据之，则怨萃于我矣。我失便宜，则众怨消矣。故终身失便宜，乃终身得便宜也。此余数十年阅历有得之言。其遵守之，毋忽。余生平未尝多受小人之侮。只有一善策，能转弯早耳。忍与让，足以消无穷之灾侮。古人有言，终身让路，不失尺寸。

任难任之事，要有力而无气。处难处之人，要有知而无言。

穷寇，不可追也。遁辞，不可攻也。

恩怕先益后损。威怕先松后紧。先益后损，则恩反为仇，前功尽弃。先松后紧，则管束不下，反招怨怒。

善用威者不轻怒。善用恩者不妄施。

轻信轻从，听言之大戒也。愈激愈厉，责善之大戒也。

吕新吾云：愧之，则小人可使为君子。激之，则君子可使为小人。

激之而不怒者，非有大量，必有深机。

处事须留余地，责善切戒尽言。

曲木恶绳，顽石恶攻。责善之言，不可不慎也。

吕新吾云：责善，要看其人何如。又当尽长善救失之道。无指摘其所忌，无尽数其所失，无对人，无峭直，无长言，无累言。犯此六戒，虽忠告，非善道矣。

又云：论人须带三分浑厚。非直远祸，亦以留人掩盖之路，触人悔悟之机，养人体面之余。犹天地含蓄之气也。

使人敢怒而不敢言者，便是损阴骘处。

凡劝人，不可遽指其过。必须先美其长。盖人喜则言易入，怒则言难入也。善化人者，心诚色温，气和词婉，容其所不及而谅其所不能，怒其所不知而体其所不欲，随事讲说，随时开导。彼乐接引之诚而喜于所好，感督责之宽而愧其不材，人非木石未有不长进者。我若嫉恶如仇，彼亦趋死如鹜，虽欲自新而不可得，哀哉。

先哲云：觉人之诈，不形于言。受人之侮，不动于色。此中有无穷意味，亦有无限受用。

论人之非，当原其心，不可徒泥其迹。取人之善，当据其迹，不必深究其心。

吕新吾云：论人情，只向薄处求。说人心，只从恶边想。此是私而刻底念头。非长厚之道也。

修己以清心为要。涉世以慎言为先。

恶莫大于纵己之欲。祸莫大于言人之非。

施之君子，则丧吾德。施之小人，则杀吾身。（案此指言人之非者）

人褊急，我受之以宽宏。人险仄，我待之以坦荡。

律己宜带秋气。处世须带春风。

盛喜中，勿许人物。盛怒中，勿答人书。

喜时之言，多失信。怒时之言，多失体。

静坐常思己过。闲谈莫论人非。

面谀之词，有识者未必悦心。背后之议，受憾者常若刻骨。

临事须替别人想。论人先将自己想。

惠不在大，在乎当厄。怨不在多，在乎伤心。

毋以小嫌疏至戚。毋以新怨忘旧恩。

刘直斋云：好合不如好散。此言极有理。盖合者始也，散者终也。至于好散，则善其终矣。凡处一事，交一人，无不皆然。

严著此心以拒外诱，须如一团烈火，遇物即烧。宽著此心以待同群，须如一片春阳，无人不暖。

凡一事而阅人终身，纵确见实闻，不可著口。凡一语而伤我长厚，虽闲谈戏谑，慎勿形言。

结怨仇，招祸害，伤阴骘，皆由于此。

遇事只一味镇定从容，虽纷若乱丝，终当就绪。待人无半毫矫伪欺诈，纵狡如山鬼，亦自献诚。

公生明。诚生明。从容生明。

公生明者，不蔽于私也。诚生明者，不杂以伪也。从容生明者，不淆于惑也。

穷天下之辩者。不在辩而在讷。伏天下之勇者，不在勇而在怯。

以仁义存心。以忍让接物。

林退斋临终。子孙环跪请训。曰：无他言，尔等只要学吃亏。

宽厚者，毋使人有所恃。精明者，不使人无所容。

喜闻人过，不若喜闻己过。乐道己善，何如乐道人善。

持身不可太皎洁，一切污辱垢秽要茹纳得。处世不可太分明，一切贤愚好丑要包容得。

精明，须藏在浑厚里作用。古人得祸，精明人十居其九。未有浑厚而得祸者。

德盛者，其心和平，见人皆可取，故口中所许可者多。德薄者，其心刻傲，见人皆可憎，故目中所鄙弃者众。

吕新吾云：世人喜言无好人，此孟浪语也。推原其病，皆从不忠不恕所致。自家便是个不好人，更何暇责备他人乎。

攻人之恶毋太严，要思其堪受。教人以善毋过高，当使其可从。

事有急之不白者，缓之或自明，毋急躁以速其戾。人有操之不从者，纵之或自化，毋苛刻以益其顽。

己性不可任，当用逆法制之，其道在一忍字。人性不可拂，当用顺法调之，其道在一恕字。

欲论人者先自论。欲知人者先自知。

凡为外所胜者，皆内不足。凡为邪所夺者，皆正不足。

今人见人敬慢，辄生喜愠心。皆外重者也。此迷不破，胸中冰炭一生。

小人乐阅君子之过。君子耻阅小人之恶。

此存心厚薄之分，故人品因之而别。

齐家类　从政类　惠吉类

群居守口。独坐防心。

造物所忌，曰刻曰巧。万类相感，以诚以忠。

谨卦六爻皆吉。恕字终身可行。

知足常足，终身不辱。知止常止，终身不耻。

明镜止水以澄心。泰山乔岳以立身。青天白日以应事。霁月光风以待人。

悖凶类

盛者衰之始。福者祸之基。

学问类

为善最乐。读书便佳。

茅鹿门云：人生在世，多行救济事。则彼之感我，中怀倾倒，浸入肝脾。何幸而得人心如此哉。

诸君到此何为，岂徒学问文章，擅一艺微长，便算读书种子。

在我所求亦恕，不过子臣弟友，尽五伦本分，共成名教中人（广州香山书院楹联）。

何谓至行，曰庸行。何谓大人，曰小心。

见持躬类

钱志驺，君子怀刑题文，开谚云。自恕之人，皆日蹈于刑而不知忧。日幸免于刑而不知愧。又收束二小比云。人方有欲自肆，几疑朝夕补救之迂。而孰知唯此制心之万保。人至无地自容，始悟名教从容之乐。而岂若先乎虑患之为安。学问有得之语，当从战兢惕励中来。真有功世道之文也。